CW01665105

NEWID DDAETH . . .

Newid ddaeth . . .

Elwyn yr Hendre

Argraffiad cyntaf: Gorffennaf 1999

*Rhif Llyfr Safonol Rhyngwladol:
0-86381-587-1*

Cynllun clawr: Alan Jones

*Llun y clawr: 'Nhad â'r bicwarch;
Buddug a'r merched – Gwenno a Haf
ar ben y llwyth efo Teg.
Tua chanol y pumdegau.*

*Argraffwyd gan Wasg Carreg Gwalch,
12 Iard yr Orsaf, Llanrwst, Dyffryn Conwy, LL26 0EH.
☏ 01492 642031
🖷 01492 641502
✉ llyfrau@carreg-gwalch.co.uk
Lle ar y we: www.carreg-gwalch.co.uk*

Cyflwynedig
i Mair
am ei hir amynedd a'i gofal

Cynnwys

Cyflwyniad

Mae un peth sy'n nodweddiadol o Elwyn yr Hendre, sef, pa beth bynnag y mae'n ymroi i'w wneud, mae'n ei wneud â'i holl egni ac fe ddengys hynny'n glir yn y llyfr hwn. Mae ei frwdfrydedd tuag at ei waith a'i ddiddordebau gydol ei oes yn amlwg iawn.

Yn y gyfrol hon cawn gipolwg ar fywyd mewn ardal wledig, bywyd amaethyddol a bywyd diwylliannol, a hynny trwy ddarllen am brofiadau un gŵr. Ynddi cawn atgofion manwl a diddorol am bynciau yn ymestyn o waith fferm, canlyn injan ddyrnu a chneifio, i eisteddfota a hen geir. Ar ben hynny, cawn gyfle i gwrdd â nifer helaeth o hen gymeriadau bro wledig, ac i brofi o'u ffraethineb. Mae'r llyfr yn frith o hanesion difyr, troeon trwstan a thynnu coes. Bydd y cymeriadau yn adnabyddus i nifer helaeth ohonoch chi, ddarllenwyr, a bydd dod i'w hadnabod yn gyfrwng i'r gweddill ohonoch ymgyfarwyddo ag ardal Llanbryn-mair, bro enedigol Elwyn yr Hendre. Trwy gyfrwng ei brofiadau, ei waith a'i lu diddordebau llwyddodd Elwyn i gofnodi bywyd yn ei ardal hoff yn yr hen sir Drefaldwyn, o gyfnod ei blentyndod yn y dauddegau a'r tridegau hyd heddiw, cyfnod ei ymddeoliad.

Gwn iddo gael oriau lawer o fwynhad wrth y gwaith. Rwy'n sicr y bydd apêl ei gyfrol yn fawr yn lleol, ac rwy'n sicr y bydd iddi apêl ehangach yn ogystal, gan fod Elwyn Davies yn ffigwr mor adnabyddus mewn cylchoedd eisteddfodol ac amaethyddol ledled Cymru.

Diolch i chi am eich llafur, Elwyn, nid yn unig yn rhoi eich profiadau ar gof a chadw, ond am eich cyfraniad aruthrol i fywyd diwylliannol ein bro ar hyd y blynyddoedd.

Ann Fychan

Diolchiadau

I Myrddin ap Dafydd a Gwasg Carreg Gwalch am eu parodrwydd i argraffu ac am eu hynawsedd ynglŷn â'r gwaith.
I Buddug am sawl awgrym gwerthfawr.
I Geoffrey am ei lafur diflino efo'r teipio.
I Ann Fychan am ddarllen a chywiro llawer ar y gwaith, ac am ei chyflwyniad i'r llyfr.

E.J.D.

Cefndir teuluol

Un o ardal Melinbarhedyn oedd fy nhad, yn un o ddeg o blant Tomos a Mary Davies, wedi'u geni a'u magu ar fferm fach o'r enw Y Greiglan. Roedd tri o fechgyn a saith merch ar y fferm, sef John, Catherine, Wmffre, Marged, Willie ('Nhad), Matilda, Mary Jane, Alice, Elen a Gwen. Er eu bod wedi cael eu magu yn deulu go fawr ar adnoddau digon prin, bu'r rhan fwyaf ohonynt fyw i oedran teg. Roedd yn dda iawn gweld y plant hynaf yn gadael yr ysgol ac yn mynd oddi cartref i gychwyn ennill ychydig o geiniogau, oedd yn gymorth mawr i'r gweddill a ddaliai i fod gartref. Diddorol cofnodi ei bod yn ofynnol i bob plentyn dalu ceiniog yr wythnos am eu haddysg yn ysgol Aberhosan yn ystod y 1880au.

Gweithio ar ffermydd lleol fu fy nhad: Barhedyn, Rhiwgriafol ac eraill mae'n siŵr. Yn ystod y blynyddoedd hynny, codwyd band pres ym Melinbarhedyn, ac roedd 'Nhad yn aelod ohono ac yn chwarae'r corn mawr, y mwyaf o'i faint yn y band. Credaf mai rhwng 1908 ac 1912 yr oedd y band yn ei anterth, ac mae gen i lun ohono, a 'Nhad wedi sgrifennu'r dyddiad ar y drwm; fo oedd ysgrifennydd y band. Mae'r hen gorn mawr gen i heddiw ac mae'n un o'r pethau rwyf yn ei drysori fwyaf.

Dod i weithio i'r cynhaeaf gwair ym Mronderwgoed, fferm tua hanner ffordd rhwng Bontdolgadfan a Phennant wnaeth 'Nhad ar ei ymweliad cyntaf ag ardal Llanbryn-mair. Roedd Mam yn enedigol o blwyf Trefeglwys; hithau'n un o chwech o blant Dafydd (Defi) a Martha Evans. Dau fachgen a phedair merch oedd yno a buont hwythau i gyd fyw i oedran mawr. John, yr hynaf, yn byw nes ei fod yn 94, Mam yn 96, Elizabeth yn 90, Alice yn 96, Eirwen yn 89 ac mae Trefor yn dal yn fyw ac yn ŵr 83 oed hynod o heini.

Fe symudodd y teulu o Drefeglwys i Tŷ Mawr, Pennant pan oedd Mam tua thair oed. Pan adawodd Mam yr ysgol, bu'n gweithio am gyfnod ar fferm Oerffrwd ger pentre Clatter. Roedd yn canmol ei lle, er bod y gwaith yn bur galed a'r oriau yn hir, ond ymhen hanner blwyddyn, daeth oddi yno. Yr adeg honno, roedd Richard Bennett yn ffermio'r Hendre, Pennant ar ei ben ei hun, wedi iddo etifeddu'r fferm gan ei rieni, mae'n debyg. Richard Bennett oedd yr hanesydd enwog a sgrifennodd y ddau lyfr *Blynyddoedd Cynnar Methodistiaeth* a *Methodistiaeth Trefaldwyn Uchaf 1738-1752*. Roedd yn ŵr ymhell o flaen ei oes, yn ysgolhaig ac yn cymryd diddordeb eithriadol mewn hanes, yn enwedig hanes crefyddol.

Roedd arno eisiau rhywun i gadw tŷ, a chan fod yr Hendre a Tŷ Mawr drws nesaf i'w gilydd, roeddynt yn gyfeillion da, ac fe gynigiodd i Mam fynd ato i gadw tŷ, er mai dim ond rhyw un ar bymtheg oed oedd hi ar y pryd. Fe ddaeth o Oerffrwd i'r Hendre yn howsgiper, ac er ei bod yn ifanc, hi oedd yn gwneud y gwaith i gyd – godro, corddi, golchi, bwydo'r moch a'r lloi, cario dŵr glân (dros ganllath i ffwrdd) ynghyd â gwneud bwyd, glanhau a myrdd o fân orchwylion eraill. Gwnâi llawer o ferched o ardaloedd gwledig eraill yr un fath â hi yn y cyfnod hwnnw, ac roedd yn gyfnod hapus iawn i Mam, yn gweithio i ŵr bonheddig go iawn fel Richard Bennett, a hefyd yn byw ar y fferm nesaf at ei rhieni a'i theulu. Arferai ddweud fod y blynyddoedd hynny yn byw wrth 'Draed Gamaliel' wedi bod cystal â choleg, gan iddi gael cyfle i ddarllen cylchgronau a phapurau, a hefyd glasuron gan Thomas Hardy, Jane Austen, Emily Bronte a.y.y.b.

Gan fod Richard Bennett yn gyfeillgar iawn â Mr Breese, Bronderwgoed, lle'r oedd 'Nhad yn gweithio, byddent yn cyfnewid amser cynhaeaf gwair ac ŷd, ac mae'n bur debyg mai dyna sut y daeth 'Nhad a Mam i nabod ei gilydd. Ymhen rhai blynyddoedd, a Richard Bennett yn sôn am ymddeol, cynigiodd gyfle i Mam (a 'Nhad) brynu'r Hendre, os oeddynt yn dymuno gwneud hynny. Penderfynwyd derbyn y cynnig yn ddiolchgar a pharatoi i briodi.

Ymddeolodd Richard Bennett ac aeth i fyw at ei chwaer i Bodwnog, Caersŵs, ond deuai'n ôl i'r Hendre am rai wythnosau bob haf, ac er mai dim ond deg oed oeddwn i pan fu farw yn 1937, rwyf yn ei gofio'n iawn. Roedd yn drwm iawn ei glyw, a phan fyddai fy rhieni yn eistedd wrth y tân wedi iddi nosi ac yn ceisio cynnal sgwrs ag o, byddwn yn aml iawn yn eistedd ar ei lin ac yn gweiddi'r cenadwri i'w glust orau!

Ganwyd pedwar o blant i 'Nhad a Mam: Hywel, yr hynaf; Buddug, fy chwaer fawr; Menna, fy chwaer arall a finne, cyw melyn y nyth. Dyn gwyllt ei dymer a byr ei amynedd oedd 'Nhad, ond yn onest fel haul y bore. Roedd yn llawer gwell ganddo ddweud wrth ddyn am fynd o gylch ei fusnes ei hun na dweud celwydd wrtho, ac fe'i clywais yn dweud hynny droeon, er mawr embaras ar y pryd, ond un fel yna oedd o. Roedd ganddo lawer mwy o ddiddordeb mewn peiriannau (unrhyw beth ag olwynion arno) nag mewn defaid, ac o'r herwydd, yn 1930, fe brynodd injan ddyrnu newydd sbon gan S. P. Davies, Llanidloes, ac injan *Blackstone* ddiesel i'w gyrru. Caent eu llusgo o fferm i fferm gan geffylau yr adeg honno, wrth gwrs. Roedd o wrth ei fodd efo'r injan; dyna oedd ei fywyd. Roedd o'n weithiwr caled, yn mynd i'r gwely'n gynnar ac yn codi'n gynnar bob amser, hyd yn oed ar ddydd Sul.

Roedd canlyn yr injan yn ystod y blynyddoedd hynny yn galetach na'r hyn a gofiaf i am y gwaith, flynyddoedd yn ddiweddarach, a hyn yn y cyfnod cyn bod yn berchen car. I gyrraedd at yr injan, lle bynnag yr oedd, roedd rhaid cerdded neu fynd ar gefn beic, a chofiaf 'Nhad yn sôn amdano'n cerdded ben bore o'r Hendre i Cleiriau, Aberhosan, dros fwlch

Ceulan â dau alwyn o ddiesel ar ei gefn! Mae'n rhaid nad oedd wedi troi'r corcyn yn ddigon tynn ar y tanc oedd ar ei gefn un tro, oherwydd erbyn cyrraedd Cleiriau, roedd rhywfaint o'r diesel wedi colli trwy ei ddillad ac wedi ei losgi; o'r herwydd collodd rywfaint o'r croen oddi ar ei gefn.

Cynyddodd y gwaith dyrnu bob blwyddyn, gan ei ddenu ymhellach oddi cartref, ac yn 1934, dyma wneud penderfyniad mawr iawn, sef prynu tractor *Fordson* bach, llai na'r *Standard Fordson* a gynhyrchwyd rai blynyddoedd yn ddiweddarach, un glas ar olwynion 24 modfedd. Wel, dyna gyffro; tractor yn cyrraedd yr Hendre! Anodd credu wrth edrych yn ôl mai'r *Fordson* bach hwn oedd dim ond y trydydd tractor i gyrraedd plwyf Llanbryn-mair i gyd, ac mae Llanbryn-mair yn blwyf mawr, yn ymestyn o Nant-hir yng Nghwm Tafolog i Hirnant ger Penffordd-las. Roedd dau *Massey Harris* yn y plwyf cyn hynny – un gan Robert Rowlands, Clegyrddwr, yntau yn berchen injan ddyrnu, a'r llall gan Rock Evans, Pentre-mawr.

Dyna wahaniaeth mawr a wnaeth y tractor i fywyd y dyrnwr. Ar wahân i yrru'r injan yn yr ydlannoedd, oddi ar y *pulley*, roedd hefyd yn tynnu'r injan o fferm i fferm a'r gyrrwr yn cael ei gario! Pe bai hofrennydd yn disgyn ar fuarth yr Hendre heddiw, mae'n bur debyg na fuasai agos cymaint o ddiddordeb ynddo ag a oedd yn y *Fordson* bach EP 6235; a'i bris? £165 yn newydd sbon, dwi'n meddwl.

Cofiaf yn dda yr haf cyntaf wedyn; busnes mawr yn Tŷ Isaf. Roedd gan f'ewythr John feindar i dorri'r ŷd, pan oedd pawb arall, bron, yn dal i dorri â phladuriau. Roedd y beindar yn arfer cael ei dynnu gan dri cheffyl, felly dyma fynd ati i dorri polyn hir y beindar oedd yn arfer cael ei ddefnyddio efo'r ceffylau, a'i wneud i ffitio'r tractor bach glas. Finnau yn wyth oed, wedi cyrraedd fy nefoedd ar y ddaear, yn cael eistedd ar y giard olwyn mawr llydan a 'Nhad yn gyrru, i dorri ŷd Tŷ Isaf a f'ewythr John ar y beindar. Oedd, roedd y *bug* peiriannau yn dechre cydio ynof innau hefyd.

Bu'r tractor bach glas yn mynd am ddeng mlynedd, hyd 1944 pryd y cafodd ei gyfnewid am *Standard Fordson*, y model gwyrdd a ddaeth mor boblogaidd trwy'r wlad ymhen rhai blynyddoedd. EP 8313 oedd ei rif, a'i bris yn £227, ac o wneud y syms, o EP6235 yn 1934 i EP 8313 yn 1944, dim ond rhyw ddwy fil o gerbydau newydd a gofrestrwyd yn sir Drefaldwyn yn ystod y deng mlynedd!

Yn ystod cyfnod y rhyfel, roedd llawer iawn o dyfu ŷd yn y wlad, a 'Nhad a Hywel i ffwrdd oddi cartre efo'r injan yn dyrnu bron bob dydd o ddiwedd mis Medi hyd fis Mawrth. Am rai blynyddoedd, roeddynt yn mynd cyn belled â Llanrhystud yn sir Aberteifi, ac ambell waith yn dod adref am yn ail benwythnos. Roeddwn i'n meddwl yr adeg honno fod

Llanrhystud ym mhen draw'r byd, ac er bod dros hanner can mlynedd ers hynny, rydw i'n dal i gofio enwau rhai o ffermydd yr ardal honno: Moelifor, Gilfach-hafael, Ystradteilo, ac yna i fyny Rhiwbwys am Gefnmabws a Mabws Hen; hefyd eraill fel Gilfache, Pencwm-mawr, Penygraig, Morfa Mawr, Berth Rhys a Maesgwyn, Llan-non.

Blynyddoedd ysgol

Ysgol y Pennant oedd yr unig ysgol y bûm i ynddi erioed. Cychwyn yn bump oed a gadael yn bedair ar ddeg, a cherddded yno oedd y drefn i bawb y dyddiau hynny, a'n bwyd am y diwrnod ar ein cefnau. Roedd ffordd weddol dda i'r ysgol, dim ond mynd rownd i'r Pandy, ond doeddem ni byth yn mynd y ffordd honno; roeddem ni bob amser yn cymryd y llwybr tarw trwy Goed Dyrtun, ac roedd honno'n filltir o hyd. Y peth gwaethaf ynglŷn â'r ffordd honno oedd y ffaith mai ffordd ceffyl a chert oedd hi, ac o'r herwydd, roedd tipyn o laswellt yn tyfu rhwng lle'r oedd y ceffylau'n cerdded ac ôl yr olwynion, ac ar dywydd gwlyb roedd hi'n anochel y byddem yn gwlychu ein coesau yn ddiferol ar ein ffordd i'r ysgol yn y bore.

Miss Sarah James oedd ein hathrawes tra bûm yno (bu'n athrawes ar Mam hefyd!) ond Sal oedd pawb ohonom yn ei galw (yn ei chefn wrth gwrs). Pa faint bynnag o werth oedd hi fel athrawes, roedd hi'n ofalus iawn ohonom os byddem yn gwlychu, a'n gosod i eistedd mewn rhyw hanner cylch o amgylch tanllwyth o dân coed a glo agored, tynnu ein sanau gwlyb i ffwrdd a'u hongian yn rhes ar yr hen giard tân mawr, uchel oedd bob amser yn cael ei gadw rhyngom a'r tân. Mewn ychydig o amser, byddai ein sanau yn stemio fel trên, a ninnau'n droednoeth yn bwrw 'mlaen â'n gwersi. Roedd hwn yn rheswm da i'n rhieni ofalu ein bod yn golchi ein traed!

Roedd yr hen Sal wrth ei bodd yn ein cael o gwmpas y piano i ganu, ond yr unig gyfarwyddyd cerddorol a gaem bron bob tro oedd *'Shout it out!'*, tra cadwai hi'r amser trwy bwnio un droed ar y llawr pren nes bod y llwch yn codi. Roedd rhai plant drygionus yn yr ysgol, fel pob ysgol arall mae'n debyg, ac un tric yr hoffai rhai o'r bechgyn ei chwarae ar Sal oedd gofyn am gael mynd allan i'r toiled (yn Saesneg, wrth gwrs): *'Please miss, shall I go out'* a thra oeddynt allan, byddent yn casglu ychydig o gerrig mân a'u rhoi yn eu pocedi, aros am eu cyfle tra bod Sal yn troi ei chefn, ac yna taflu ychydig o'r cerrig bach i'r tân agored. Y funud nesaf, wrth gwrs, byddent â'u pennau i lawr yn brysur iawn, ac ymhen ychydig eiliadau, byddai'r cerrig yn tasgu o'r tân – bing! bing! – i bob cyfeiriad. Hen dric digon peryg, mae'n siŵr, ond pwy oedd yn meddwl am berygl? Byddai Sal wedyn yn cwyno wrth ddyn y glo fod cerrig yn y glo!

Hen dric arall digon budr gan un o'r bechgyn oedd aros i un ohonom fynd allan, ac yna gosod pin bawd ar ei gadair. Cofiaf yn dda un tro i Tegryd, fy nghefnder, fynd allan. (Mi fydd gen i lawer iawn mwy i'w ddweud am Teg cyn gorffen.) Erbyn iddo ddod yn ei ôl, roedd y pin bawd ar y gadair yn ei ddisgwyl! Eisteddod Teg i lawr heb feddwl, a dyma floedd! Roedd y pin wedi mynd adre! Efo'r floedd, dyma Sal, oedd yn digwydd bod â'i chefn atom, yn troi rownd ar ei sawdl â'i dau lygad mawr glas fel dwy seren. Pan welodd Teg Sal yn ei wynebu, roedd rhaid eistedd i lawr yn reit sydyn, heb gofio fod y pin yn dal yn sownd yn ei din, a dyna ebwch arall, a chodi ar ei draed eto, a gorfod egluro wrth Sal beth oedd wedi digwydd. Roedd pawb wedi sobri erbyn hyn a finnau'n cael y fraint o chwilio am y pin bawd, a'i dynnu allan!

Tric arall a gâi ei chwarae gan y bechgyn weithiau (a finne yn eu plith) oedd symud bysedd y cloc ymlaen ychydig os byddai rhywun eisiau mynd adre'n gynnar. Hen gloc larwm oedd yn yr ysgol, ac roedd o fewn ein cyrraedd. Y cynllun oedd aros hyd nes byddai Sal yn mynd allan, yna rhywun yn ei gwylio trwy'r ffenest rhag ofn inni gael ein dal, a rhywun arall yn symud bysedd y cloc. Roedd yn gweithio bob tro fel arfer, ond cofiaf un achlysur pan aeth pethau ychydig yn flêr; roedd dau wedi symud y cloc yn ddiarwybod i'w gilydd.

Byw efo'i brawd, Evan Richard, wnâi Sal. Roedd Evan yn grydd yn y Bont (ddwy filltir i ffwrdd) a rhoddai lifft i Sal i'r ysgol bob bore ac adre bob pnawn. Byddai bob amser yn cyrraedd yr ysgol yn brydlon erbyn 3.30 pan fyddai'r ysgol yn cau. Ond y diwrnod y symudwyd y cloc ddwy waith, aeth Sal allan, a doedd dim golwg o Evan (wrth gwrs) am ei bod yn rhy gynnar, ac mae'n debyg iddi orfod cerdded bron at Tŷ Isaf (rhyw dri chwarter milltir i ffwrdd) cyn cwrdd â'r car. Roedd Sal yn cyhuddo Evan o fod yn hwyr ac Evan yn beio Sal o fod yn rhy gynnar!

Heblaw am rai troeon trwstan a digri, cyfnod digyffro a hapus oedd y blynyddoedd a dreuliais yn Ysgol y Pennant. Pan gyrhaeddais un ar ddeg neu ddeuddeg oed, roedd rhai o'm cyfoedion yn astudio ar gyfer yr ysgoloriaeth oedd yn angenrheidiol bryd hynny os oedd rhywun am fynd ymlaen i'r Ysgol Sirol ym Machynlleth. Roedd Buddug a Menna wedi mynd yno ers rhai blynyddoedd, ond doeddwn i ddim tamed o eisiau mynd i'r ysgol uwchradd. Edrychwn i ymlaen i gyrraedd pedair ar ddeg, a gadael yr ysgol. Roedd yno ddefaid yn disgwyl amdanaf gartre yn yr Hendre, a'r tractor bach wrth gwrs!

Ond roedd Sal wedi penderfynu fy mod i wneud y gwaith paratoi efo'r ddau oedd yn bwriadu mynd ymlaen i Fachynlleth. Emyr a Myfanwy oedd fy mhartneriaid ac roeddem wedi cael ein gosod ar yr un ddesg a'r tri ohonom yn ffrindiau mawr. Emyr oedd yr hynaf, a Myfanwy wedyn fis yn hŷn na fi. Emyr oedd y sgolor gorau ohonom, ac yn eitha' meistr ar ei waith. Roeddwn i'n lwcus pan ddôi yn fater o ryw draethawd ar hanes Harri'r Wythfed neu *The Great Fire of London*; doedd gen i ddim diddordeb o gwbl yn y fath rwtsh, a byddwn yn falch o'r cyfle i chwilio am ysbrydoliaeth dros ysgwydd Myfanwy. Pan ddôi yn fater o wneud syms, roeddwn innau, o bosib, gystal â Myfanwy, a hithau yn ei thro yn bwrw cipolwg dros fy ysgwydd innau. Pasiodd Emyr i fynd i'r ysgol uwchradd ym Machynlleth ac fe arhosodd Myfanwy a finnau ymlaen yn ysgol fach y Pennant nes ein bod yn bedair ar ddeg, a Teg a ninnau ein dau yn gadael yr un haf.

Y capel

Pan oeddem ni'n blant, roedd y capel yn bwysig iawn ym mywyd yr ardal. Cynhelid tair oedfa bob dydd Sul, sef pregeth, cwrdd gweddi ac Ysgol Sul. Roedd llawer o'r ardalwyr nad oeddynt byth yn colli oedfa. Ynghyd ag oedfaon ar y Sul, roedd yno hefyd Seiat nos Fawrth a chyfarfod pobl ifanc. Y Parch. T.W. Thomas oedd y gweinidog cyntaf i mi ei gofio yma, a fo a'm derbyniodd yn gyflawn aelod o'r capel. Adeiladwyd y capel oddeutu 1820, a'r festri a'r tŷ capel presennol tua dechrau'r ugeinfed ganrif.

Pan gychwynnais fynd i'r capel efo Mam yn y tridegau, cerdded fyddem ni wrth gwrs. Doedd yno'r un car yn ardal Pennant yr adeg honno. Roedd yr Ysgol Sul yn bwysig iawn a llawer heb fethu yr un Sul mewn blwyddyn. Rwyf yn cofio saith dosbarth Ysgol Sul; tri dosbarth ohonom ni blant yn y festri a phedwar dosbarth o oedolion yn y capel. Y drefn oedd, pawb yn y capel i gychwyn yr ysgol ac wedyn y plant i gyd yn mynd trwodd i'r festri efo'u hathrawon. Roedd yno arolygwr ac ysgrifennydd yn cael eu penodi o'r newydd bob blwyddyn. Yr athrawes gyntaf a gefais oedd Mrs Olwen Jervis, Gwernyffridd, un o'r gwragedd addfwynaf a adnabûm erioed. Yna symudais i fyny i'r ail ddosbarth at y ddiweddar Mrs Annie Jerman, Pandy, ac wedyn i'r trydydd dosbarth at Mrs Gwyneira Lewis, Plas (Bron-y-Gân, Cemaes, heddiw).

Yn y prynhawn fyddai'r Ysgol Sul fel arfer, ond gwelais ysgol yn y bore neu'r nos ambell waith hefyd. O ddau tan dri oedd amser yr ysgol, ac un o ddyletswyddau'r arolygwr oedd gofalu ein bod yn cychwyn o'r festri am bum munud i dri a thrwodd i'r capel er mwyn i bawb orffen yr ysgol efo'i gilydd. Os pregeth fyddai yn y capel, ar ôl i'r pregethwr orffen, byddai un o'r blaenoriaid yn ein gwahodd ni blant ymlaen yn rhes o du allan i'r sêt fawr i ddweud adnod neu bennill. Cofiaf un ferch fach heb fod ymhell oddi wrthyf yn y rhes, a phan ddaeth ei thro hi i ddweud ei hadnod, dechreuodd feichio crio, a'r pregethwr yn ceisio ei chysuro a gofyn beth oedd yn bod. Yr ateb gafodd oedd, 'Mae honna wedi mynd â'n adnod i', gan bwyntio bys at un o'r merched oedd wedi dweud yr adnod o'i blaen.

Pan oeddwn tua deg oed, cofiaf yn dda imi gael tipyn o embaras yn y Seiat efo Mam ar nos Fawrth. Doedd dim llawer ohonom yno, ac roeddem yn eistedd ar feinciau o amgylch y tân yn y festri. Fi oedd yr unig blentyn yno, ac mae'n bur debyg fod fy meddwl yn crwydro am nad oeddwn yn deall fawr ddim o'r hyn oedd yn digwydd. Mae'n debyg fod yr hen T.W. Thomas wedi deud rhywbryd yn ystod y Seiat, 'Falle y cawn ni adnod yn y funud gan Elwyn', a gofynnodd ymhen peth amser, 'Sut mae hi'n mynd, bach?' Roeddwn i'n dal yn fy myd bach fy hun, a phan glywais o'n gofyn, 'Sut mae hi'n mynd, bach?' sylweddolais mai â fi oedd o'n siarad, ac atebais yn ddigon cwrtais, 'Yn iawn, diolch'. Dyma bawb yn dechrau chwerthin, a deallais mai fi oedd testun y jôc, er nad oeddwn i'n ei gweld. Welais i mo'r jôc nes i Mam egluro i mi ar y ffordd adre, a dweud yn ddigon caredig, 'Pe baet ti'n gwrando ar Mr Thomas, mi fuaset yn gwybod mai gofyn i ti am adnod oedd o'.

Cofiaf dro arall, a rhes ohonom yn dweud ein hadnodau, i'r nesaf ata' i wneud sŵn bach nad oedd yn weddus iawn i'w glywed yn y capel! Roedd y rhan fwyaf ohonom ni blant wedi sobri; wel, o leiaf ddigon i gadw wynebau syth o flaen y gweinidog, ond pan droesom i wynebu'r gynulleidfa, roedd rhai o'r rheini'n pwffian chwerthin allan o bob rheolaeth. Rhag cywilydd iddyn nhw! Ond dyna fo, peth pur anghyffredin ydy clywed rhech mewn capel!

Ymhen rhai blynyddoedd, pan oeddwn i bellach wedi rhoi'r gorau i ddweud adnod ac wedi dechre eistedd efo'r bechgyn mawr yn sêt ôl y festri ac wedi dechre gwisgo trowsus llaes, roedd rhes o blant yn dweud eu hadnodau. Dyma un ferch fach yn dweud hon yn gwbl ddiffuant:

Hen dylluan gau yn dodwy dim ond dau,
A'r dryw bach yn dodwy pedwar ar ddeg.

Allai'r gweinidog druan wneud dim ond ei chanmol.

Wedi cyfnod y Parch. T.W. Thomas yn weinidog ar y Bont a'r Pennant, daeth gweinidog ifanc atom yn syth o'r coleg – y Parch. Emrys Thomas (fu am flynyddoedd wedyn yn warden ar Gartref Bontnewydd). Roedd pellter oed go fawr rhyngom ni'r plant a'r Parch. T.W. Thomas, ac roedd rhyw bellter arall hefyd; teimlem yn anesmwyth yn ei gwmni. Mr Thomas oedd o, a phlant oeddem ni. Ond pan ddaeth Emrys a'i wraig Menna yma, roeddem ni dipyn hŷn, ac roedd o yn llawer iau na Mr Thomas. Roeddem yn teimlo ein bod yn gallu siarad â'r gweinidog newydd yn gwbl naturiol a chyfeillgar, a buom yn ffrindiau mawr tra bu yma.

Yn ddiweddarach daeth y diweddar Barch. John Price Wynne a'i briod atom, ac yma y ganwyd eu pedwar plentyn. Ef, yn 1955, a briododd Mair a finnau yn y capel hwn. Dyma'r cyfnod pan oedd chwe chwmni drama o fewn y plwyf yn cystadlu yn erbyn ei gilydd, a'r Parch J. Price Wynne yn cynhyrchu tîm Pennant. Ar ôl J. Price Wynne daeth y Parchedigion Glyn Jones, Llewelyn Lloyd ac Emrys Morgan i'r ofalaeth, a'r olaf a ddaeth yn weinidog llawn amser i'r Bont a'r Pennant oedd y Parch. E.J. Poolman. Yna am gyfnod, bu'r eglwys dan ofal y Parch. J. Walters, gweinidog y Cemaes.

Cofiaf hefyd eisteddfodau o fri, gyda chantorion fel Howard a Joseph Williams, Cleiriau; George Puw; Erfyl Evans; Edgar Evans; Aneurin Hughes ac eraill yn cystadlu. Yn ddiweddarach, gwelwyd Rich Jones, Cefnau, Llangadfan; W.E. Williams, Llanbryn-mair ac wrth gwrs Margaret Lewis Jones, Carno yma, flynyddoedd cyn iddi ennill yn y Genedlaethol ac yna symud ymlaen i ennill y Rhuban Glas. Gwelwyd hefyd Stephen Griffiths a'i chwaer Hannah yn cystadlu dan bump ar hugain oed, a Hannah yn llewygu ar y llwyfan oherwydd y gwres, gan fod y lle'n orlawn a rhai yn gorfod eistedd ar y silff ffenest yng nghefn y capel gan nad oedd lle yn y seddau.

Cyfeiriaf at gofnodion Richard Bennett am gefndir sefydlu'r capel: 'Rhoddodd hen ŵr y Wig ddarn o dir, mor agos ag y gallai i ganol y pentref yn 1818; gwaetha'r modd bu farw yn 1819 ac ni orffennwyd y capel am ddwy flynedd arall.'

Agorwyd y capel yn swyddogol yn 1821 gan y Parch. Evan Griffiths, Meifod. Cafodd ei godi ar gost yr ardal mewn cyfnod pan oedd cyflog ond tua £1 y mis, felly diwrnod trist yn ardal y Pennant oedd 27ain Ebrill 1997, y diwrnod y cynhaliwyd yr oedfa olaf yn y capel, dan ofal y Parch. J. Pinion Jones. Roedd rhyw deimlad terfynol iawn yn y weithred o gau'r drws a throi'r goriad, a gwybod ein bod yn gwneud hynny am y tro olaf. Roedd cyflwr to'r capel wedi mynd yn rhy ddrwg i'w atgyweirio, a'r dewis oedd i naill ai ail-doi neu i ddymchwel y capel. Gan mai dim ond dau ar hugain o aelodau oeddem ar y pryd, doedd dim gobaith y gallem wynebu'r gost, ac felly yr unig ddewis realistig oedd uno eglwysi'r Bont a'r Pennant, a chwrdd yn y Bont.

Gadael yr ysgol

Dyma ddechrau cyfnod newydd, gartre yn yr Hendre, i gychwyn ysgwyddo rhywfaint o gyfrifoldeb, gan fod 'Nhad a Hywel oddi cartre am rannau helaeth o'r flwyddyn. Roeddwn wrth fy modd yn ystod y gaeafau, yn bwydo'r gwartheg deirgwaith y dydd, gofalu fod y defaid yn iawn a gwneud rhyw fân orchwylion ar y fferm. Roeddwn yn ffodus iawn fod Teg yn Tŷ Mawr wrth fy ochr, a phan fyddai rhyw waith ychwanegol fel tynnu tatws, neu unrhyw waith arall lle'r oedd angen ychydig o help, byddai Teg bob amser ar gael.

Dechreuais saethu efo'r twelf-bôr tua diwedd y tridegau, pan oeddwn i rhyw un ar ddeg neu ddeuddeg oed. Yr adeg honno, roedd Hywel gartre ar adegau ac yn dipyn o botsiar ac yn saethwr da. Roedd miloedd lawer o gwningod yn yr ardal a byddai'n saethu llawer iawn ohonynt i gael ychydig o bres poced, a finne'n aml iawn yn ei ganlyn. Dylid nodi hefyd ei bod yn gyfnod yr Ail Ryfel Byd, a chan fod dogni ar gig, fel bwydydd eraill, roedd galw cynyddol am gwningod.

Roeddwn i wedi bod yn swnian ers amser eisiau gollwng ergyd. Un min nos tua dechrau'r haf, aethom ein dau i lawr i waelod y ddôl isaf, croesi'r afon, dros y ffens ac i dir Cilcwm. O'r fan honno i fyny mae caeau sy'n ffinio â'r coed, ac roedd yno gwningod bob amser. Roeddwn wedi hen ddysgu'r grefft o gerdded yn ddistaw, a gofalu peidio â sathru ar frigyn crin a chadw sŵn i ddychryn y cwningod. Erbyn cyrraedd pen ucha'r coed, o gymryd cipolwg yn llechwraidd i fyny i'r caeau, roedd yno ddigon o gwningod fel arfer, a'r rheini o fewn cyrraedd y twelf-bôr. Roedd yno nythaid o gwningod bach ar geg y twll, ac medde Hywel yn dawel: 'Dyma dy siawns di boi'. Gan fod Hywel ddeuddeg mlynedd yn hŷn na fi, galwai fi'n 'boi' weithiau, os byddai hwyliau da arno. Estynnodd y gwn i mi ac roedd o wedi rhoi cyfarwyddiadau i mi lawer gwaith: 'Dal y gwn yn dynn ar dy ysgwydd; cau un llygad, a chofia bwyso ymlaen'.

Dyma fi'n codi'r gwn a dechrau anelu, wedi cofio 'dal y gwn yn dynn; cau un llygad', ond yn yr ecseitment o weld y cwningod bach, mi anghofiais 'bwyso ymlaen' ac ar ôl anelu am amser, tynnu'r trigar, a BANG! Roeddwn i'n meddwl fod yr ergyd fel canon, ond roedd gen i broblem: o anghofio'r wers bwysig i 'bwyso ymlaen' collais fy nghydbwysedd ac roedd peryg imi syrthio. Trwy drugaredd, roedd Hywel wedi synhwyro beth oedd yn mynd i ddigwydd ac fe'm daliodd rhag syrthio wysg fy nghefn. Does yr un ysgol well nag ysgol brofiad!

Cofiaf yn dda un noson pan oeddwn yn fach – Hywel yn deffro yn y nos am fod y cŵn yn cyfarth. Y rheswm dros y cyfarth oedd fod y cŵn (oedd i mewn yn eu cut bob nos) wedi clywed sŵn cyfarth cŵn lladd defaid yng nghae Cilcwm, un cae i ffwrdd o dŷ'r Hendre. Gwisgodd Hywel amdano yn reit sydyn a chael gafael yn y twelf-bôr, ac allan â fo. Roedd yn noson olau leuad a dim angen lamp. Aeth i lawr i'r ddôl uchaf a throsodd i gae Cilcwm, ac roedd yno dipyn o lanast. Defaid wedi'u lladd, defaid wedi'u cnoi a'r cŵn yn dal wrth eu gwaith. Pan oedd Hywel o fewn cyrraedd i'r cŵn (dydy cŵn lladd defaid byth yn hoffi cael eu dal yn gwneud drygau) dyma'r ast yn syth amdano, a'i cheg ar agor fel arthes, a'r ci yn ei dilyn. BANG! Lladdodd Hywel hi yn y fan a'r lle. Trodd y ci ar ei sawdl a'i heglu i ffwrdd, a chafodd yntau ergyd yn ei ben-ôl i'w atgoffa! Mae'n debyg mai cŵn o ardal Penfforddlas oeddynt ac wedi mynd yn ddigon pell oddi cartref i ladd. Peth digon cyffredin.

Ymhen ychydig iawn o amser, roeddwn yn mynd â'r gwn allan fy hunan yn ystod y gwanwyn a min nosau hir yr haf, ac yn wir, allan ambell ben bore cyn mynd i'r ysgol, er nad oeddwn i fawr hŷn na deuddeg oed. Cofiaf yn dda un bore, a finne ar fy ffordd adre wedi cael un neu ddwy, gwelais gwningen braf yn swatio ar ei gwâl. Wel, dyna darged hawdd, felly ar ôl anelu, BANG! Neidiodd y gwningen i'r awyr a syrthio i lawr yn farw. Ond dyma'r jôc, roedd y gwningen fach eisoes wedi'i dal mewn magl! Roedd Hywel, ynghyd â saethu, yn gosod maglau, ac yn un o'i faglau o yr oedd y gwningen! Ond ar ôl tanio'r getrisen, roeddwn i'n rhesymu â mi fy hun mai fi oedd perchennog y gwningen, a ddywedais i byth wrtho fy mod wedi rhyw hanner dwyn un o'i gwningod o!

Pan ddaeth yn amser i 'Nhad feddwl am roi'r gorau i'r injan ddyrnu ar ôl dod i oed pensiwn, finnau erbyn hynny yn fy ugeiniau cynnar, peth digon naturiol oedd i mi gymryd y cyfrifoldeb o fynd â'r injan ddyrnu allan. Peth arall a ddaeth yn gwbl naturiol (bron heb ei drafod) oedd pwy oedd i fod yn bartner imi efo'r injan. Wel, pwy ond Teg? Roedd Hywel bellach wedi priodi ers rhai blynyddoedd ac yntau â'i injan ddyrnu ei hun, ynghyd â ffermio Penhempen, Dolfor ar gyrion y Drenewydd. Roedd 'Nhad ers rhai blynyddoedd wedi prynu *Fordson Major* at y *Standard Fordson* bach, pan sylweddolodd fy mod innau hefyd â thipyn o elfen efo'r hen beiriannau yma. Fi oedd bob amser â'r *Major*; roedd yn well o lawer ganddo fo yr hen *Fordson* bach.

Rai blynyddoedd cyn hynny, pan oedd Buddug erbyn hyn yn athrawes ym Manceinion ac wedi priodi, cefais wahoddiad i fynd i aros ati hi a Bill am ychydig ddyddiau. Gofynnodd Buddug i mi un diwrnod a hoffwn i fynd i *Belle Vue* ar y nos Wener i weld bocsio amatur. Wel, roeddwn i wrth fy modd ac i lawr â ni. Roeddwn i'n arfer gallu rheoli fy nheimladau yn burion (yn gyhoeddus, beth bynnag) ond y noson honno, a gweld rhai o'r bechgyn yn pwnio ei gilydd, methais yn lân â chadw yn fy sedd, a Buddug bob yn hyn a hyn yn cydio yn fy mraich ac yn gweiddi uwchben y sŵn, 'Stedda i lawr!'. A dyna *bug* arall yn cydio'n dynn iawn ynof y noson honno – bocsio! Fore trannoeth, dyma gael perswâd ar Buddug i ddod i'r dre efo fi i brynu menig bocsio (dau bâr). Dyna gychwyn pennod arall (ac un boenus weithiau!) yn fy hanes.

Yn y blynyddoedd hynny, roedd yn arferiad mewn llawer ardal wledig i fechgyn y fro gwrdd â'i gilydd fin nos; rhai yn dod i lawr i'r pentre i brynu *Woodbine*, eraill owns o faco, ac roedd yno gymdeithas glòs rhwng bechgyn yr ardal. Dyma fy nghyfle i fynd â'r menig i'r pentre, a phe bai unrhyw ddau awydd pwt o ffeit, doedd ond angen clymu'r menig ar y dwylo ac i ffwrdd â nhw! Chwarae oedd y cyfan a phawb ohonom yn ymdrechu i fod yn weddol ofalus i beidio â glanio ergyd ar wynebau ein gilydd. Ymarfer da iawn i gadw'n heini oedd bocsio, a buan iawn y sylweddolais y gwahaniaeth rhwng bechgyn y *Woodbine* a'r rhai ohonom nad oedd yn smocio.

Cofiaf un noson yn arbennig ar groesffordd Dolgadfan, ger y pentre agosaf, lle'r oedd criw o fechgyn wedi cwrdd. Doedd fawr ddim yn digwydd, dim ond rhyw sgwrsio a thynnu coes. Y cwestiwn cyntaf ges i oedd, 'Ydy'r menig gen ti?' Dyma ddau frawd yn gofyn amdanynt. Clymwyd y menig ar ddwylo'r ddau, a dyma gychwyn. Y ddau frawd yn pwnio a fi yn dyfarnu. Welais i erioed y fath bwnio; roedd y ddau tua'r un taldra ac oddeutu'r un pwysau, a doedd yr un o'r ddau yn fodlon ildio i'r llall. Dyma drwyn un yn dechre gwaedu a'r funud nesa', trwyn y llall. Roedd y ddau yn gynddeiriog, a gorfod i mi fentro rhyngddynt i'w stopio cyn i ben un ohonynt ddod i ffwrdd! Ond eithriad oedd sefyllfa fel yna.

Roedd Teg a fi yn ymarfer llawer iawn yn y stabl, adre yn yr Hendre. Byddem yn hongian y lamp stabl ar hoelen, ac i ffwrdd â ni. Roedd rhaid bod yn bur ofalus efo Teg. Roeddwn i'n chwe throedfedd o daldra ond er bod Teg rhyw fodfedd yn fyrrach na fi, roedd o'n gryf fel ceffyl. Cofiaf un noson yn arbennig, Teg a fi'n pwnio ein gilydd yn y stabl, pan agorodd y drws uchaf. Pwy oedd yno ond Almaenwr, carcharor rhyfel oedd yn gweithio yn y Belan (fferm sy'n ffinio â'r Hendre) a dyma fo i mewn.

Albert Schultz oedd ei enw ac roedd yn fachgen llawn hunanhyder, ac ychydig o flynyddoedd yn hŷn na ni. Daliodd Teg a fi ati ac ymhen ychydig dyma Albert yn gweiddi, *'Stop! stop! you are like a couple of vild animals! I vill teach you to do it properly!'* Iawn, gwersi am ddim! Tynnais fy menig a'u gosod ar ddwylo Albert (yr arbenigwr!). Yn wir, roedd Albert yn bur heini; mae'n debyg ei fod wedi arfer rhywfaint yn y fyddin, ond fe wnaeth un camgymeriad mawr iawn! Yn fwriadol neu yn ddamweiniol, glaniodd un ergyd ar flaen trwyn Teg, a dechreuodd yntau waedu. Wedi blincio rhyw ddwywaith neu dair i asesu'r digwyddiad, medde Teg o dan ei anadl 'Wel 'rhosa di'r uffern!' a'r eiliad nesa' dyma Schultz yn mynd wysg ei gefn ar dipyn o gyflymder gan lanio'n dwt ar ei din yn mansier Darby (hen gaseg ddu olaf yn yr Hendre). Dyna lle'r oedd yn ymladd am ei wynt a'i ddwy goes yn swingio fel coesau pyped! Roedd Teg wedi ei ddal efo Goliath o glec, rywle oddeutu ei stumog. Wrth gwrs, dyna ddiwedd ar ein gwersi gan yr 'arbenigwr'.

Cefais noson arall gofiadwy, yng nghanol gaeaf, a finne wedi mynd i lawr i'r pentre yn y car. Roedd ychydig o eira ar y ddaear a hithau'n rhy oer i sefyll yn yr awyr agored, felly i mewn â ni i hen sgubor oedd yn gyfleus i chwarae cardiau yng ngolau lantern. Pan aethom allan ymhen rhai oriau roedd mwy o eira wedi disgyn, a chan fod rhiw go serth ar y ffordd adre' i'r Hendre, medde rhywun, 'Mi ddown ni efo ti i ben y rhiw, er mwyn iti gael pwysau yn nhu ôl y car'. I ffwrdd â ni, a chyrraedd pen y rhiw yn ddiogel. Teg oedd un, roedd Iori ei frawd yno hefyd, a Tom, Tŷ Isaf (cefnder arall i'r tri ohonom). Roedd Tom wedi gweld y menig ar y sedd gefn ac medde fo, 'Beth amdani?' Wel, y dyddiau hynny, doedd dim angen i neb ofyn ddwywaith ac allan â ni. Ar noson mor oer, roedd Tom a fi yn gwisgo cotiau mawr *Home Guard,* y cotiau brethyn mawr trwm hynny oedd mor werthfawr yn y tywydd garw. Roedd hi'n rhy oer i feddwl eu tynnu i ffwrdd, a dyna'r unig dro imi weld neb yn gwisgo menig bocsio a chôt *Home Guard* ar yr un pryd! Dyma ddechre arni ac er fod yno leuad go lew, ambell funud roedd cwmwl yn ei guddio ac ar un o'r amrantau hynny, daliodd Tom fi â pherlen. Os nad oeddwn yn gweld y lleuad y foment honno, mi welais fil o sêr, ac mi syrthiais ar fy mhen i luwch o eira hyd at fy nghlustiau. Ymhen ychydig eiliadau, diflannodd y sêr, a phan godais ar fy nhraed roedd ôl fy mhen yn yr eira fel ôl wy, dim ond ei fod tipyn yn fwy! Dyna lle'r oeddem ein pedwar yn chwerthin llond bol wrth feddwl am y peth. Cerddodd y tri arall adre' a finne yn y car, a phawb wedi cael noson i'w chofio am byth!

Ond nid hwyl i gyd oedd eira'r cyfnod hwn. Tua diwedd Ionawr 1947 dechreuodd fwrw eira, ac ymhen ychydig amser roedd trwch mawr dros bob man. Roedd yn lluwchio hefyd a llanwyd y ffyrdd o glawdd i glawdd, a'r ffensys a'r gwrychoedd o'r golwg yn llwyr. Roedd cannoedd o ddefaid wedi'u claddu'n fyw dan y lluwchfeydd a phob ffermwr yn yr ardaloedd cyfagos yn chwilio ac yn tyrchu am eu defaid.

Achubwyd llawer ohonynt gan ffermwyr oedd â chŵn a allai farcio lleoliad defaid oedd wedi'u claddu dan droedfeddi o eira, ond er gwaethaf ymdrechion pob ffermwr a'i gi, collwyd cannoedd o ddefaid yng nghwm Pennant yn unig. I wneud pethau'n waeth, roedd haf 1946 wedi bod yn un gwlyb, a olygai fod llawer o'r gwair a gynaeafwyd o ansawdd gwael iawn. Roedd pawb yn gorfod rhoi rhywfaint o wair i'r defaid, a hynny am y tro cyntaf i lawer. Ychydig iawn o fwydo defaid â gwair yn ystod y gaeaf oedd yn yr ardal hon cyn hynny, ond gan fod troedfeddi o eira rhyngddynt ac unrhyw laswellt, roedd rhaid iddynt gael rhywbeth i'w fwyta.

Daliodd yr eira'n solet am dros ddau fis ac erbyn iddo ddechre clirio, roedd llawer wrthi'n wyna, a dyna ddigalon oedd gweld y defaid – llawer ohonynt yn wan iawn ac roedd yn ymdrech fawr iddynt fyw eu hunain, heb sôn am fagu ŵyn. Bu colledion ofnadwy, a llawer o ffermwyr wedi colli tua deg y cant o'u cyfrif arferol o ŵyn. Clywais sôn am Tomi Jones, Caegilbert, yn llwyddo i godi dim ond un oen yn 1947, a hwnnw'n oen du!

Cyn i'r eira glirio, roedd porthiant wedi mynd yn brin iawn, a rhaid oedd 'rhoi angen un rhwng y naw', ond daeth y *War Ag (War Agricultural Executive Committee)* i'r adwy i geisio cynorthwyo trwy brynu gwair o Loegr a'i ddosbarthu i'r rhai oedd ei angen. Cofiaf yn dda inni brynu hanner tunnell ohono, ond y peth gwaethaf oedd nad oedd modd i unrhyw gerbyd ddod i gwm Pennant ar hyd y ffordd nac ar draws y caeau. Bu'n rhaid dadlwytho ein hanner tunnell gwair yn Plas Pennant, efo perthnasau i ni. Roedd Plas bron i filltir o'r Hendre, ac erbyn hyn doedd yno ond digon o borthiant am ychydig ddyddiau ar ôl. Bu'n rhaid i mi gerdded i lawr i Plas dros y lluwchfeydd i moyn bêl o wair, a'i chario ar fy nghefn, ac roeddynt yn fêls mawr, wedi'u clymu â weiar. Ni fyddai cario pwysau o'r fath am bron i filltir wedi bod yn hawdd petai'r ffordd yn galed, ond gan fy mod yn suddo i'r eira efo bron bob cam, roedd yn dipyn mwy o laddfa, ac yn y diwedd, beth oedd un bêl i'w rhannu ymysg y defaid? Trwy drugaredd, ar ôl cario dwy neu dair, daeth yn feiriol, ond yr hyn oedd fwyaf digalon – ar ôl ymdrechu i gadw llawer o'r defaid yn fyw er gwaetha'r eira – oedd mai'r storm feiriol a laddodd y rhan fwyaf o ddefaid cwm Pennant. Roedd hi'n storm ofnadwy a'r defaid erbyn hyn wedi dioddef am dros ddeufis ar lawer llai na digon o fwyd. Doedd ganddynt bellach mo'r egni i gilio i gysgod ac fe drigodd llawer ohonynt ar ganol y caeau lle'r oeddynt yn digwydd bod pan y'u daliwyd gan y storm.

Mae pentre Dylife ychydig filltiroedd o gwm Pennant, a thros fil o droedfeddi yn uwch na lefel y môr. Roedd yn gyfnod caled ar lawer o'r pentrefwyr yno (os oes rhywfaint o eira ar lawr cwm Pennant, gallwch fod yn sicr fod cryn lawer mwy yn Nylife). Er bod llawer o'r trigolion yn pobi eu bara eu hunain yr adeg honno, roedd amryw yn brin eu hadnoddau ar adegau. Roedd gen i ferlen dda ar y pryd ac un ben bore cychwynnais ar ei chefn i lawr i orsaf Llanbryn-mair, bum milltir i ffwrdd, lle'r oedd popty Talerddig yn anfon bara efo'r trên i lawer ei gasglu.

Gosodais ychydig o dorthau mewn dwy sach fflŵr lân, un bob ochr i'r ferlen, a chychwyn am Ddylife, tua wyth milltir i ffwrdd.

Roedd bechgyn y Cyngor wedi agor rhyw fath o lwybr digon da i'r ferlen o Lanbryn-mair hyd at Pennant, ond o'r Pennant i fyny am Ddylife, roedd pethau'n gwaethygu, ac erbyn cyrraedd at Maesmedrisiol, roedd y lluwchfeydd cyfuwch â phen y ferlen. Doedd ond llwybr digon o led i'r ferlen fynd trwyddo, a finne'n gorfod estyn fy nwy droed ymlaen at ei gwddf yn lle'u bachu yn yr eira o'r ddwy ochr. Erbyn cyrraedd Hirnant, doedd dim gobaith mynd ymhellach, a bu'n rhaid i mi ofyn am gael gadael bara pobl Dylife yno a'i throi yn ôl am adre.

Er bod y rhyfel drosodd ers rhai blynyddoedd, roedd y galw am gwningod yn parhau, felly roedd Teg a fi yn saethu llawer iawn wedi iddi nosi; Teg â'r lamp a fi â'r gwn, ac mi fyddem wrthi am oriau lawer, hyd yn oed ar ôl i'r ddau ohonom gychwyn dyrnu i lawr yn sir Aberteifi. Os byddai hi'n noson ffafriol, h.y. yn dywyll, ac ychydig o awel, yn hytrach na chysgu ar y ffermydd lle'r oeddem yn dyrnu, byddem yn dod adre bob cam (tua phum milltir ar hugain) ac yn saethu am oriau, ar ôl diwrnod caled o waith, ond yn gofalu ein bod yn ôl efo'r injan fore trannoeth – sawl tro yn aros iddi oleuo digon i ni gychwyn paratoi'r injan am ddiwrnod arall o ddyrnu.

Byddai Jos Howells, Comins-coch, yn dod heibio i'r ffermydd bob wythnos i brynu wyau a chwningod. Roedd Jos yn bur ofalus wrth dalu, ac yn aml yn talu ychydig llai am gwningod wedi'u saethu nag am gwningod wedi'u dal efo maglau neu drapiau. Serch hynny, cafodd 'rhen Jos ei ddal rhyw noson! Roeddwn yn digwydd pasio ei warws yng Nghomins Uchaf ac wedi mynd ag ychydig o gwningod efo fi, a dyma Jos yn deud, 'Dewch efo fi i weld beth mae ambell un yn gallu neud â fi'. Beth oedd yng nghanol pentwr o gwningod ond cloben o hen gath lwyd â'i chynffon wedi'i thorri'n gwta fel un cwningen, a Jos druan wedi talu amdani!

Pris cwningod yr adeg honno oedd rhywle rhwng dau swllt (10c) a hanner coron (12½c) ond roedd dyn yn y Drenewydd yn talu ychydig mwy na Jos, a chyn hir cychwynnodd rhai ohonom fynd â'n cwningod iddo fo. Rhyw dri neu bedwar ohonom yn cymryd ein tro i fynd â'n cwningod ein hunain a rhai'r lleill iddo, a byddem yn mynd â nhw i'w dŷ ar ôl diwrnod gwaith. Charles Evans oedd ei enw ond fe'i adnabyddir heddiw fel y dyn a sefydlodd *Charlie's Stores* sydd â siopau yn Aberystwyth, y Drenewydd a'r Amwythig.

Cynhaeaf gwair ac ŷd

Roedd cynhaeaf gwair yn y pedwardegau yn bur wahanol i gynhaeaf y dyddiau hyn. Gwair rhydd oedd pawb yn ei gynaeafu yr adeg honno, a thorrid un cae (neu weithiau ddarn o gae) a'i gael i mewn yn ddiogel cyn mentro i dorri'r cae nesaf. Ynghyd â gofalu am ein gwair ein hunain, roedd 'Nhad a finne'n torri (ac yn cario weithiau) y gwair mewn amryw o ffermydd eraill nad oedd yn ddigon o faint i brynu eu peiriannau eu hunain, sef Minffordd, Pandy Isaf, Esgair Cottage, Penyfilltir, Bryn-bach a Thy'nyreithin.

Mae sawl hanesyn difyr iawn am Bryn-bach. Dau frawd a chwaer, y tri yn ddi-briod, oedd yn ffermio Bryn-bach, a'r tri yn gymeriadau cwbl wahanol. Roedd Ifan yn wyllt ac yn mynd trwy'r dydd â rhyw gamau bach byrion, tra bod Tomos yn hŷn ac yn hollol wahanol ei natur i Ifan. Roedd Tomos yn bwyllog ac yn boenus o araf ar brydiau. Dwi'n amau a fyddai Tomos yn gwylltio pe bai tin ei drowsus ar dân! Roedd Mary Jane, eu chwaer, yn debycach i Tomos efallai, ac yn ddynes garedig iawn.

Doedd neb ohonom yn cario bwyd efo ni wrth weithio yr adeg honno, ond yn hytrach yn mynd i'r tŷ i fwyta efo'r teulu bob amser. Roedd Ifan yn rhyw gellwair o garu efo Miss Mary Pugh o'r Bont. Cofiaf yn dda un diwrnod pan oedd wedi troi'n wlyb, a Tomos a finne wrth y bwrdd. Dyma Ifan i mewn yn wyllt, wedi gwlychu at ei groen ac yn bloeddio ar Mary Jane i ddod â throwsus sych iddo. Daeth Mary Jane â'r trowsus, a dyma Ifan yn dechre tynnu oddi amdano o flaen y tân. Dyma'r crys i ffwrdd, ac yna'r wasgod wlanen, wedyn y trowsus a'r trôns; dyna lle'r oedd Ifan yn noeth borcyn o flaen y tân. Roedd Ifan wedi bod am gyfnod yn y pyllau glo yn ardal Nantymoel, ac mae'n debyg ei fod wedi hen arfer tynnu ei ddillad i ffwrdd yn gyhoeddus i 'molchi. Roeddwn i yr ochr draw i'r bwrdd ac yn ei wynebu, ond doedd dim gwahaniaeth am hynny. Y jôc oedd fod Miss Pugh wedi dod i Bryn-bach am y diwrnod ac yn eistedd ar y setl gornel wrth ochr y tân, ac yn ymyl Ifan. Roedd yn rhyw gymryd arni edrych i ffwrdd, ond ofn colli dim byd hefyd!

Cofiaf helynt yn Bryn-bach rhyw ben bore pan gyrhaeddais. Dydw i ddim yn gwybod beth oedd wrth wraidd yr helynt, ond roedd Ifan yn wyllt gacwn, felly roedd yn rhaid gofyn, 'Beth sy'n bod, Ifan?'

'Y Twm dwl yma,' (ei frawd) oedd yr ateb, ac meddai, 'Rydw i'n mynd o'ma!'

Meddwn innau, 'Beth am Tomos a Mary Jane?'

Roeddwn yn gwybod yn iawn mai cellwair oedd o. 'Mi anfona' i Mary Jane i'r wyrcws a Twm i'r madws ac mi af innau i lawr i'r Bont i fyw at Miss Pugh!' Ond os cofiaf yn iawn, o Bryn-bach y claddwyd y tri.

Dro arall, yng nghanol y cynhaeaf gwair a'r cneifio ac Ifan yn bwriadu cario hynny o wair oedd wedi ei dorri erbyn nos Lun, dyma fo'n gofyn i mi fynd yno fore dydd Mawrth i dorri'r rhos. Mae rhos Bryn-bach oddeutu pedwar cyfer, ond roedd gen i broblem. Roeddwn i eisoes wedi addo mynd i gneifio i Lwyn-y-gog ar y dydd Mawrth; cneifio â gwellau yr adeg honno wrth gwrs. Roedd yn rhaid dweud hynny wrth Ifan, ac roedd o'n eitha' siomedig, ond wyddwn i ar y ddaear beth i'w wneud. Doeddwn i ddim am siomi Ifan, a fedrwn i ddim peidio â mynd i gneifio 'chwaith gan fy mod wedi addo. Dywedais wrth Ifan, 'Mi ga' i weld beth alla' i wneud.' Ar ôl trafod y broblem adref, penderfynais godi yn fore iawn ddydd Mawrth i dorri gwair Bryn-bach, ac wedyn mynd i gneifio, ac felly y bu.

Bamlett oedd y peiriant torri gwair oedd gennym ac roedd yn beiriant da. Fe hogodd 'Nhad bedair cyllell i mi tra oeddwn i'n paratoi'r *Major* at y bore. Codais drannoeth ychydig wedi un o'r gloch, bwyta brecwast ac i ffwrdd â fi. Roedd hyn tua adeg y dydd hiraf a doedd dim llawer o nos, felly i lawr â fi drwy'r pentre, cyn dau, tra oedd pawb call yn eu gwelyau. Doedd dim golau ar y *Major*, a thrwy lwc, doedd neb ond y fi ar y ffordd yr amser hynny o'r dydd.

Roedd y siwrnai i Fryn-bach tua phedair milltir, ac erbyn cyrraedd roedd fy llygaid wedi dechre cynefino â golau gwyll, felly i ffwrdd â fi yn syth trwy'r buarth ac i lawr i'r rhos. Wedi imi fynd o amgylch y rhos sawl gwaith, gwelais rywbeth yn dod tuag ataf trwy'r gwyll – Ifan! Rhaid ei fod wedi clywed sŵn y tractor yn mynd heibio i ffenest ei lofft, wedi gwisgo amdano a dod i lawr i'r rhos ataf. Roedd ei gap yn ei law a gwaeddai rywbeth – croeso mae'n debyg – ond doedd dim amser i siarad, felly ymlaen â fi, newid cyllell bob tua awr, a gorffen torri gwair y rhos. Adre wedyn, bwyta pryd go iawn oedd Mam wedi ei baratoi, neidio i'r car ac i fyny i Lwyn-y-gog ac roeddwn yn eistedd ar y fainc yn barod am y ddafad gyntaf, fel pawb arall, yn brydlon am wyth o'r gloch!

Roedd y cyfnod cneifio â gwelleifiau yn wahanol iawn i gneifio â pheiriannau; roedd pawb yn llawer mwy hamddenol, a phawb â'i sgwrs a thipyn o dynnu coes. Cofiaf yn dda un diwrnod arbennig – cael gwahoddiad i fynd i gneifio at Capten Bennett Evans i'r Bont Isaf, Llangurig. Roedd Richard Foulkes o'r Stae (Penffordd-las) yn saer coed ac yn gwneud rhywfaint o waith i'r Capten, a fo oedd wedi trefnu bws i'n cario o'r Stae i'r Bont Isaf. Aeth Teg a fi i fyny i'r Stae i gyfarfod y bws (roedd Teg, ymhlith pethau eraill, yn gneifiwr da) ac i ffwrdd â ni ar y bws i gneifio. Moethus iawn, cneifio trwy'r dydd, cael digonedd o fwyd – rhyw ddeg neu ddwsin ohonom yn mynd i mewn at y byrddau efo'n gilydd a'r lleill yn dilyn yr un patrwm, er mwyn hwylustod i'r merched yn y tŷ. Daethom adre wedi cael diwrnod wrth ein bodd, gyda chyflog o 12/6, sef 62$^{1}/_{2}$c heddiw! Roeddem yn cneifio llawer yn y dyddiau hynny: Tŷ Isaf, Plas, Gwernyffridd, Tŷ-gwyn, Hirnant, Braichyfedw, Eblid, Aberbiga, Belan, Nantycarfan a Chwm-Carnedd Uchaf, ymhlith eraill.

Yn ystod yr Ail Ryfel Byd, ac am flynyddoedd wedyn, roedd bri mawr ar dyfu ŷd, a phrynodd 'Nhad feindar *Albion 5A*. Dyna lle byddai'r ddau ohonom yn torri ŷd yr ardal am rai wythnosau, ac yn ddiweddarach, bu Teg a fi wrthi, a'r dalgylch wedi ehangu i ardal Darowen. Roeddem yn torri ŷd y rhan fwyaf o'r ardal honno, sef Cwmbychan Bach, Cwmbychan Mawr, Maes-teg, Penygraig, Penybanc, Ty'n-llwyn a Gwernbere, Castell a'r Berllan – Teg ar y beindar a finne'n gyrru'r *Major*. Roedd yn gyfnod difyr a'r tywydd, gan amlaf, yn garedig wrthym. Ymhen rhai blynyddoedd, prynwyd ail feindar, *Albion* eto, ond un a oedd yn torri chwe throedfedd ac yn torri o'r ochr dde, tra bod yr *Albion* bach *5A* yn torri o'r ochr chwith. Roedd hyn yn hwyluso pethau gan fod llawer o'r caeau ŷd yn eithaf llechweddog, ac roedd gennym erbyn hyn y dewis o ba ffordd i fynd o amgylch y caeau.

Bûm yn dyrnu am rai blynyddoedd efo'r *Fordson Major* ac roedd yn hen dractor dibynadwy iawn, er ei fod yn dechre dangos tipyn o ôl gwaith, a'r ddau deiar ôl wedi mynd bron mor llyfn â fy llaw. Penderfynais, yn hytrach na gwario cryn dipyn o arian ar y *Major*, gael un arall yn ei le. Roeddwn ers peth amser wedi bod yn chware â'r syniad o brynu *Field Marshall*. Un noson, wrth ddarllen yr hysbysebion yn y *Farmer's Weekly*, gwelais yr union dractor roeddwn yn chwilio amdano, sef *Field Marshall Mk. I*, ond ym mhle? Yn Maldon, Essex. Sgrifennais yn syth at y cwmni – Ernest Doe – a chefais ateb yn cadarnhau fod y tractor yn union fel yr hysbyseb: *'Field Marshall MkI. Series 2, reconditioned, new tyres'*.

Anfonais yn ôl atynt gyda throad y post yn gofyn a fuasent yn fodlon ei gadw tan y dydd Sadwrn canlynol. Cytunwyd i hyn, a dyma ddechre paratoi i fynd i Essex. *Morris 10*, rhif EP 7007, oedd y car oedd gen i ar y pryd. Hen gar dibynadwy. Yn wir, doedd dim byd o'i le efo'r car ond roeddwn i eisiau cwmni. Roeddwn yn gyfeillgar â Glynmor, y Coed, oedd wedi priodi Lynfa, fy nghyfnither. Soniais wrthynt ac roeddynt yn ddigon bodlon dod efo fi. Roedd lle i un arall a meddyliais am Marian oedd yn byw yn Pennant Isaf bryd hynny, ac ar ei blwyddyn olaf yn Ysgol Uwchradd Machynlleth. Nos Wener es i Pennant Isaf a dweud fy stori. Roedd Marian ar ganol gwneud ei gwaith cartref ar gyfer bore Llun, ond pan ofynnais iddi a oedd ganddi awydd trip i ochr draw i Llundain, 'Pa bryd?' meddai. 'Yn gynnar bore fory,' a dyma adael ei gwaith a chytuno i ddod.

Roedd Marian yn dipyn o sgolor ac roeddwn yn dibynnu arni i ddarllen map yn well na fi. 'Well i ti ddod i'r Hendre i gysgu heno; dwi am gychwyn am bedwar bore fory.' Ac felly y bu. Buom ein dau wrthi'n astudio'r map, a chytunwyd i gymryd yr A5 o'r Amwythig (doedd dim sôn am unrhyw draffordd rhwng Cymru a Llundain yr adeg honno). Dilynwyd yr A5 bob cam i St Albans ac yna troi am y gogledd er mwyn osgoi mynd trwy Lundain. Ar ôl gadael St Albans, anelu am Hatfield a thua'r de yr ochr draw i Lundain trwy Chelmsford a Colchester ac ymlaen i Maldon. Ni chawsom unrhyw drafferth i gael hyd i Ernest Doe, gan ei fod yn anferth o le mawr. Roedd y *Marshall* yno, felly dyna gael rhywun i'w danio a syrthio mewn cariad ag o o'r funud honno.

Injan un silindr oedd yn y *Marshall* a honno'n cael ei gwthio yn ôl ac ymlaen, nid i fyny ac i lawr fel mewn injan pedair silindr. Ar ôl ei danio, roedd ynddo rhyw sŵn cyfareddol: 'bwm, bwm, bwm', ac fe'i prynais yn y fan a'r lle! Trowyd am adre, ond roedd yn dechre nosi erbyn hynny a phenderfynwyd chwilio am le i aros dros nos. Gadawyd y car ar gyrion Llundain a chael bws i mewn i'r ddinas, a dyna le mawr! Cafwyd hyd i westy ac arhoswyd yno. Fore trannoeth, cafwyd bws yn ôl – roeddem wedi llwyddo i gofio ymhle y gadawyd y car! Adre' â ni, wedi gwneud dros bum cant o filltiroedd a'r hen gar wedi mynd fel watsh.

O fewn yr wythnos, daeth y *Marshall* i fuarth yr Hendre, ac roeddwn wedi cael addewid fod Ernest Doe yn fodlon cymryd yr hen *Major* mewn cyfnewid, a dyma'r prisiau:

Y *Marshall* ar y buarth:	£250
Lwfans ar y *Major*:	£125
I'w dalu:	£125

Rydw i'n dal i feddwl mai prynu'r *Marshall* oedd y fargen orau wnes i erioed, ac rwyf yr un mor sicr mai ei werthu ymhen blynyddoedd am £90 mewn cyfnewid am *Fergie* bach llwyd oedd y fargen salaf wnes i erioed! Pe bai'n dal i fod gen i heddiw, mae'n debyg y buasai werth tua £3,000 i £3,500. Rhyfedd o fyd!

Mi brofodd y *Marshall* ei fod werth y pres bob ceiniog, ac yn berffaith efo'r injan ddyrnu. Roedd yn dda ar y pwli ac yn arbennig o effeithiol wrth dynnu'r injan. Roedd yn dractor gweddol fyr a'r rhan fwyaf o'i bwysau dros yr olwynion ôl, a rhedai'n eithriadol o rad. Dyma un enghraifft o'i allu i dynnu: pan oeddem yn dyrnu yn ardal Talywern a Melinbarhedyn, mae yno riw serth rhwng y ddau bentref, sef rhiw Rhiw-goch, ac mae fferm Rhiw-goch ar ben y rhiw. Pan fyddem yn symud yr injan efo'r hen *Major*, roeddem bob amser yn cael cymorth un o'r cymdogion oedd hefyd yn berchen *Major*, i fachu'r tu blaen i fod yn sicr o fynd i fyny'r rhiw yn ddiogel, ac yna i ddod i lawr yn ôl i nôl y byrnwr a'r peiriant torri gwellt. Ar ôl cael y *Marshall*, roedd hwn yn tynnu'r injan i fyny'r rhiw ei hun, ynghyd â'r byrnwr a'r peiriant torri gwellt efo'i gilydd yn un cargo! Ar ffordd galed, doedd dim *spinio* yn ei hanes; un da iawn oedd yr hen *Marshall*.

Dechreuai'r tymor dyrnu cyn diwedd mis Medi, gan barhau tan fis Mawrth, gyda'r rhan fwyaf o'r ffermydd yn dyrnu ddwywaith, yn yr hydref i gael porthiant i'r anifeiliaid dros y gaeaf, ac wedyn yn y gwanwyn er mwyn cael ŷd i'w hau. Cofiaf yn dda ddyrnu yn fferm Talerddig, a chysgu yno. Rywbryd yn ystod y nos, clywais y sŵn mwyaf dychrynllyd erioed ac eisteddais i fyny yn hanner effro gan fethu'n glir â meddwl beth oedd wedi ei achosi. Sylweddolais mai'r trên oedd yn taranu i lawr trwy'r hafnau yn Nhalerddig, gan basio bron o dan ffenest fy llofft!

Roeddem yn dyrnu yn y rhan fwyaf o ffermydd rhan uchaf plwyf Llanbryn-mair, tra bod Robert Rowlands, Clegyrddwr, yn dyrnu yn ffermydd rhan isaf y plwyf. Byddem yn gweithio ein ffordd i lawr trwy Fachynlleth i ardal Tal-y-bont, Y Borth ac Ynys Las. Teithiem i lawr ar fore Llun ac yn ôl adre ar nos Sadwrn. Roedd yno ardal yn ymestyn o Daliesin dros y gefnen i lawr i Ddôl-y-bont a elwir yn Barsel Henllys. Roeddem yn dyrnu ym mhob fferm yno ac er bod dros ddeugain mlynedd ers hynny bellach, rydw i'n dal i gofio enwau'r rhan fwyaf o'r ffermydd, sef Llwyn-glas, Penywern, Tŷ-hen, Allt-goch a Llwyn-ysguborwen (neu'r 'Llwyn' fel y'i gelwir yn lleol). Ardal â phawb yn garedig iawn wrth Teg a finne ac yn cysgu bron ym mhob lle. Ambell waith, am wahanol resymau, doedd dim gwely i'w gael, ac roedd Mrs Jenkins y Llwyn wedi dweud wrthom, 'Os byddwch eisiau, mae gwely i chi yma unrhyw amser', a brecwast bore trannoeth yn y fargen! Un garedig iawn oedd Mrs Jenkins; wna' i byth ei hanghofio.

Wedyn at y brodyr Benjamin yn Fron-goch, Ynyscapel a Cherrig Caranau, Henllys a Neuadd yr Ynys, ac yna i lawr trwy bentre Dôl-y-bont i Benywern, Llandre. John Owen oedd yn ffermio yno yr adeg honno, a Katie yn cadw tŷ iddo. Yn rhyfedd iawn, ymhen rhai blynyddoedd wedi i ni beidio â mynd yno, bu'r ddau ohonynt farw mewn amgylchiadau trist iawn. Llosgodd John Owen i farwolaeth gyda blanced drydan, a thrannoeth y diwrnod dyrnu, aeth Katie i fyny i'r daflod i gasglu wyau, a syrthiodd i lawr trwy waelod y daflod i'r lle'r oeddynt wedi cadw'r peiswyn, neu'r us, oddi tano, ac mae'n debyg iddi fygu cyn gallu dod oddi yno.

Ymlaen i Dynllechwedd, Glanleri a'r Ynys, y Borth ac yna i Dŷ-gwyn a Thŷ-canol, y Brickyard, Dolennydd a Than-llan cyn croesi'r ffordd lle mae Caffi Cletwr heddiw at John James, Pant-glas Bach ac i fyny i Gefngweiriog a Lletyllwydyn.

Cofiaf yn dda iawn am y noson roedd Teg a fi yn cysgu yn Lletyllwydyn. Evan Evans oedd enw'r ffermwr os cofiaf yn iawn; bonheddwr o ddyn ac yn gawr o gorff. Doedd o ddim talach na Teg a finne, ond roedd o yn *fawr*. Yr adeg honno, bron iawn na allai Teg a fi fynd i mewn i'w drowsus efo'n gilydd! Ar ôl swper, a chynhesu ein traed o flaen tanllwyth o dân, aeth Teg a fi i'r gwely, a chysgu'n syth, yn ôl ein harfer. Rywbryd (mae'n rhaid fy mod i wedi rhyw hanner deffro) dyma ddrws y llofft yn agor. Rhoddais bwniad bach ysgafn i Teg er mwyn ei ddeffro, ond fyddai waeth i mi fod wedi rhoi pwniad i ochr yr Wyddfa; roedd Teg yn cysgu'n drwm ac yn chwyrnu fel mochyn! Dyma ddyn i mewn i'r llofft – Evan Evans! Dyma fo'n dechre tynnu amdano, a dod i mewn i'r gwely atom ein dau! Roedd Teg yr ochr nesaf at y wal, fi yn y canol, a'r cawr ar yr ochr allan. Wel, am noswaith fythgofiadwy, ond o leiaf roeddwn i'n gynnes!

Yn ystod rhai o'r blynyddoedd cyntaf y bûm yng ngofal yr injan, roeddwn yn dyrnu mewn ardal heb fod ymhell o Lanbryn-mair, ac wrthi'n trefnu gwaith ar gyfer yr wythnos ganlynol. Cyrhaeddais un lle a gweld y ffermwr ar y buarth, ac ar ôl ei gyfarch, dwedais fy neges: 'Os cawn ni ddyrnu bob dydd, mi fyddwn yma efo chi ddydd Iau'. 'Iawn,' meddai, 'Ond mae'n well i mi wneud yn siŵr fod popeth yn iawn efo'r feistres'. Y 'feistres' oedd ei wraig ac mi welais pam cyn bo hir!

Aeth y ffermwr i'r tŷ, a'm gwahodd innau i mewn, ond gan fy mod yn fy nillad gwaith a'm welingtons, arhosais y tu allan i'r drws, ond roeddwn yn ddigon agos i glywed eu sgwrs: 'Mae Elwyn y dyrnwr yma, ac yn deud, yn ôl pob tebyg, y bydd yma efo ni ddydd Iau'. Distawrwydd am funud, ac yna dyma'r 'feistres' yn dweud: 'Wel, David,' (nid David oedd ei enw iawn), 'Mi wyddoch yn iawn na fedrwn ni ddyrnu ar yr un dydd Iau, dydd Iau ydy'r *bedroom day*'. A dyna'r creadur bach yn mwmian rhywbeth wrthi, nad oedd yn cofio am hynny, ac yn dod ataf gan egluro'r sefyllfa gorau y medrai.

Roeddwn i'n bur ifanc ac erioed wedi clywed am *bedroom day*, ac ni fedrwn feddwl am ddim i'w ddweud wrtho. (Erbyn deall, ar ddydd Iau y byddai'r wraig yn glanhau'r llofftydd.) Felly y bu; gorfod i ni basio'r buarth nos Fercher i fynd i fferm cymydog iddo ac yn ôl at y creadur bach oedd dan fawd ei 'feistres' ymhen rhai dyddiau wedyn. Mae'n bur debyg pe bai wedi sôn am ei *bedroom day* wrthyf heddiw, y buasai wedi cael gwybod beth i'w wneud ag ef, ond roeddwn yn dibynnu ar ffermwyr yr ardal am waith dyrnu trwy'r gaeaf, a 'taw pia hi, bois'.

Diwrnod bythgofiadwy arall oedd diwrnod dyrnu yn Rhos-goch, Penfforddlas. Walter Wigley oedd yn ffermio Rhos-goch, cymeriad arbennig iawn. Mae'n amlwg fod Walter wedi deall fod llygod mawr yn yr ysgubor, ac wedi gofyn i gyfaill iddo, David Lloyd y Gronwen, ddod â'r daeargwn yno ar ddiwrnod dyrnu i wneud dim byd ond lladd y llygod! Yr adeg honno, roeddwn yn cario bwndel o *netting* mân i'w osod o amgylch yr ydlan i rwystro'r llygod rhag dianc, a gosodwyd hwn yn y lle mwyaf manteisiol.

Yn fuan iawn, wedi cychwyn dyrnu, gwelem ambell lygoden yn neidio o ben y cwpwl i'r llawr ac yn ceisio dianc i rywle, ac yn aml iawn yn mynd â'i phen yn erbyn y *netting* oedd yn ddigon mân i'w rhwystro. Os ceisiai ddringo dros y rhwyd mi fuasai un o'r tri daeargi yn ei dal, ac efo un ysgytwad, yn ei lladd yn y fan a'r lle. Buasai Dei Lloyd wedyn yn eu casglu a'u lluchio i ferfa. Erbyn diwedd y dydd roedd dros dri chant o lygod mawr wedi cael eu lladd ac amryw wedi dianc er gwaethaf ein hymdrechion. Roedd rhai llygod i'w cael ym mron bob fferm, ond dydw i ddim yn meddwl i mi erioed weld cymaint o lygod mawr ag a laddwyd yn Rhos-goch y diwrnod hwnnw.

Teimlaf hefyd y dylwn gofnodi un wythnos yn arbennig, am ei bod yn eithriadol o anlwcus a thrafferthus. Dechreuwyd fore Llun trwy symud yr injan o Dŷ-coch, Melinbarhedyn, ar ôl bod yn dyrnu'n rhy hwyr nos Sadwrn i allu ei symud, felly rhaid oedd cychwyn yn fore ar y dydd Llun. Roedd y peiriant torri gwellt wedi ei osod ar drelar pedair olwyn, ac wrth ddod o ydlan Tŷ-coch i lawr i'r ffordd, roedd yno droad cwta. Ni wn beth ddigwyddodd, ond mi drodd y trelar ar ei ochr a'r peiriant torri gwellt yn glec i'r ddaear, a hynny ar ochr y pwli. Wedi ei godi yn ôl ar ei draed, edrychwyd faint o ddifrod a wnaethpwyd ac yn wir, doedd pethau ddim yn rhy ddrwg, ar wahân i'r ffaith fod y pwli ei hun wedi torri. Doedd dim amdani ond tynnu'r pwli i ffwrdd, a gadael Teg i symud y cyfan i'r fferm nesaf. Bu'n rhaid gohirio'r dyrnu am y diwrnod. Mynd wedyn i'r ffowndri yn y Drenewydd i gael pwli arall. Erbyn dod yn ôl a gosod y pwli newydd yn ei le, gweld ei bod yn rhy hwyr i gychwyn dyrnu y diwrnod hwnnw, ac adre â ni.

Fore trannoeth, cychwynnwyd eto a phopeth yn mynd yn iawn, ond ar ôl tua awr, dyma'r *Marshall* yn stopio. Doedd hyn erioed wedi digwydd o'r blaen ac roeddwn yn methu'n lân â dyfalu beth oedd wedi digwydd. O edrych yn fanwl sylwais fod ychydig o ddiesel wedi colli oddi tano. Gweld bod y beipen oedd yn cario'r diesel o'r pwmp i'r injector wedi cracio, a'r diesel yn colli, felly doedd dim amdani ond tynnu'r beipen i ffwrdd, gohirio'r dyrnu eto, a chychwyn am Landrindod i'r *Auto Palace* i gael peipen newydd. Erbyn dod yn ôl a gosod y beipen newydd yn ei lle a thanio'r tractor i fod yn siŵr nad oedd aer wedi mynd i mewn i'r system, roedd yn amser mynd adre eto.

Cafwyd dyrnu ddydd Mercher, ond dydd Iau a dydd Gwener bu rhagor o fân helyntion, a'r tywydd yn troi'n wael. Roeddem yn gwlychu'n ddyddiol gan nad oedd dillad oel i'w cael y dyddiau hynny, ac wrth gwrs, doedd yna'r un cab ar y tractor chwaith. Erbyn nos Sadwrn, roedd Teg a finne wedi cael llond bol ac yn edrych ymlaen i gyrraedd adre. Ar y ffordd rhwng Cemaes Road (Glantwymyn) a Chomins (cyn gwneud y ffordd newydd), roedd cornel eitha' cas wrth goed Ty'n Rhos. Yn sydyn, dyna golli rheolaeth ar y car ac aeth ar draws y ffordd i'r ochr dde, a waeth faint ymladdwn i efo'r olwyn lywio, dal i groesi'r ffordd wnâi'r car. Tarodd y clawdd a throsodd â fo yn glatsh ar ei ochr. Erbyn hyn, roedd y drws ar ochr Teg yn wastad ar y tarmac, Teg yn rhyw swp ar y drws, finnau ar ei gefn a drws y dreifar rhyngof a'r sêr! Mewn munud dyma lais Teg oddi tanaf yn rhywle y dweud: 'Wel myn diawl, dyma'i diwedd hi!' Ie, dyna oedd diwedd wythnos hynod o helbulus a chostus hefyd.

Mae'n debyg fod pen y tracrod wedi dod yn rhydd (traul, mae'n debyg) ac felly doedd dim yn cysylltu'r ddwy olwyn flaen a gallent fynd i ba bynnag gyfeiriad a fynnent. Serch hynny, mae'n dda iawn nad oedd pob wythnos fel honno. Er bod dyrnu yn waith digon budr yng nghanol y mwd a'r llwch trwy'r dydd, roedd rhyw gymdeithas glòs iawn rhwng y bechgyn fyddai'n dod i gyfnewid o fferm i fferm, a byddem yn cael llawer o hwyl wrth fynd o un fferm ac o un ardal i'r llall.

Gallaf gofio diwrnod dyrnu yn Fron-lwyd, y Bont. Dynes o'r enw Mrs Cox – Saesnes – oedd yn ffermio Fron-lwyd ar y pryd. Ychydig cyn y Nadolig oedd hi, ac yn bur oer. Rywbryd tua chanol y bore, dyma Mrs Cox allan i'r ydlan â photel yn ei llaw, a mynd o'n hamgylch fel y gallai pawb gael swig. *Cherry brandy* oedd yn y botel a doedd neb ohonom wedi blasu'r fath stwff o'r blaen, ond ar ddiwrnod mor oer, ew roedd o'n dda.

Pan aethom i'r tŷ i gael cinio, roedd yno anferth o ddysgl fawr ar y bwrdd wrth y drws a honno tua thri chwarter llawn o rywbeth ac ambell dafell o oren a ffrwythau eraill yn nofio ar yr wyneb! Meddai Mrs Cox: *'Help yourselves to the punch'*. Doeddwn i erioed wedi clywed sôn am *punch* – tu allan i fyd bocsio – ond cafodd pawb ohonom rhyw ddracht wrth basio ac roedd pawb mewn hwyliau da. Daeth y diwrnod dyrnu i ben, ac aeth pawb i'r tŷ i gael swper. Ar blât pob un ohonom roedd paced ugain o *Players* a gwydr hanner peint yn llawn o'r *punch*! Wel, fuon ni ddim yn hir wrth ein swper, er mwyn cael cychwyn ar y *punch*. Cyn bo hir roedd y gwydrau i gyd yn wag a rhai wedi dechrau mynd yn bur siaradus. Allan â ni a'i chychwyn am adre.

Dau gymydog a ddaeth yno i helpu Mrs Cox oedd Sam Davies, Tŷ-gwyn a John Williams, Coed, a'r ddau yn gyfeillion da. Byddai'r ddau yn mynd adre efo'i gilydd ac yn lle dilyn y ffordd rownd i bentre'r Bont, byddent yn croesi'r caeau, llwybr llawer byrrach. Rhywle ar eu llwybr roedd ffos a phompren fach gul ar ei thraws, ac ar ôl cymell ei gilydd i fynd gyntaf, penderfynwyd mai'r ffordd orau fyddai mynd yn ôl gam neu ddau a chymryd pwt o ras a cheisio neidio dros y ffos efo'i gilydd (roedd y *punch* yn dechrau cael effaith erbyn hyn). A dyma'r ddau i ffwrdd gan anelu am yr ochr bellaf. Ond cam gwag a gafodd y ddau, a disgyn ar eu pedwar rywle ar y clawdd, a chrafu allan i'r ochr arall yn ddiogel, rywsut. O nabod y ddau gymeriad hoffus yma, gallaf yn hawdd iawn ddychmygu y sbort a gawsant, a chwerthin llond eu boliau, oherwydd roedd Sam Davies yn chwerthinwr heb ei ail.

Ond nid nhw eu dau oedd yr unig rai mewn trwbl. Roeddwn i wedi gadael y car yn y Bont, a Teg a finnau wedi cerdded rhyw gwta hanner milltir ato o'r Fron-lwyd. Wrth fynd i lawr heibio i'r Bragdy, roeddem ein dau yn rhyw fath o forio canu (os gallwch chi alw sŵn o'r fath yn ganu). Credaf mai *Austin 10,* rhif CMA 594, oedd o; hen gar iawn, ond doedd y startar ddim yn gweithio. Rhaid oedd ei gychwyn efo handlen. Aeth Teg i sedd y teithiwr i aros i mi ei danio, ond roedd problem! Fedrwn i yn fy myw gael blaen yr handlen i mewn i'r twll bach pwrpasol oedd yn y bympar. Mwya'n y byd roeddwn i â 'mhen i lawr, mwya'n y byd y siaradai'r *punch* yn ôl â fi! Bu'n rhaid rhoi'r gorau i'r ymdrech a mynd i eistedd yn sedd y gyrrwr, a gofyn i Teg (oedd erbyn hyn yn rhyw fath o ganu 'Wele cawsom . . . ') i geisio tanio'r car. Trwy ryfeddod, llwyddodd, ac i ffwrdd â ni am adre. Mae'n dda iawn fod hyn lawer blwyddyn cyn sôn am yr anadliedydd, gan ein bod ein dau 'wel awê'!

Ar ôl cyrraedd adre a 'molchi, aethom i lawr i'r pentre i gwrdd â chriw da o gyfeillion oedd wedi dod at ei gilydd i fynd o amgylch i ganu carolau. Un o'r ffermydd olaf i ni ei chyrraedd oedd Dolgadfan, ac ar ôl cychwyn canu dyma grash! Roedd un o'r bechgyn a fu'n dyrnu efo ni yn Fron-lwyd, yn ddamweiniol wedi rhoi ei benelin trwy ffenest y gegin. Mae'n debyg fod *punch* Mrs Cox yn dal i weithio!

Yn raddol, gwelwyd llai o dyfu ŷd, a mwy o ailhadu tir mynydd, a finne erbyn hyn wedi prynu *crawler – Fordson Major* eto, ond efo tracs yn lle olwynion. Roedd galw mawr am gontractwyr i aredig a gweithio'r llechweddau oedd yn lletchwith i'w trin efo tractor. Doedd dim tractor gyriant pedair olwyn ar gael yn y pumdegau, sef y cyfnod pan ddaeth y dyrnu i ben.

Codi estyniad at yr Hendre

Yn 1952, pan oeddwn yn rhyw ddechrau meddwl am gael gwraig a chan fy mod yn byw gartref gyda'm rhieni, fe benderfynwyd codi estyniad at dŷ'r Hendre, felly aethom ati i dynnu cynlluniau. Roedd yr ychwanegiad i gynnwys tair ystafell ar y llawr gwaelod a dwy i fyny'r staer, efo ystafell molchi i'w rhannu â drws ym mhob pen iddi.

Wyddwn i ddim am adeiladu, ond roedd Teg a fi yn barod i labro. Fe gyflogais saer coed a saer maen i wneud y gwaith. Roedd hynny'n mynd i fod tipyn yn rhatach na chael adeiladwr i gymryd y gwaith fel contract. Ar ôl gweithio amcangyfrif o faint o frics, blociau concrid a choed a.y.y.b. y byddem eu hangen, euthum i'r Drenewydd at gwmni William Roberts, y cyflenwyr adeiladu, a gofyn iddynt am amcangyfrif o gost y defnyddiau a chludiant i'r Hendre. Gofynnais hefyd a fyddent yn barod i gynnig 'telerau adeiladwyr' i mi, a chyfle i dalu ar ddiwedd pob mis? Cytunwyd ar bopeth ac fe'u cefais yn gwmni oedd yn cadw at eu gair bob amser. Ar ôl cael yr amcangyfrif a'i archwilio'n fanwl, sylwais mai'r brics a'r blociau concrid oedd i gyfrif am ran helaeth y bil. Dywedais wrth Teg, 'Dwi ddim yn amau na fedrem wneud y blocs concrid yma dipyn yn rhatach na'u prynu!'

Roeddwn wedi gweld hysbyseb yn y *Farmer's Weekly: 'Make your own concrete blocks'* oedd yn cynnig yr hyn a alwent hwy yn *vault* ar gyfer gwneud blociau 18" x 9" x 4". Roedd ei bris yn ddigon rhesymol. Anfonais am un o'r rhain a chyrhaeddodd y *vault*, oedd i'w gosod ar fainc. Roedd yn rhaid cael paled o dan bob bloc wrth eu gwneud er mwyn inni allu eu cario i le gwastad cyfleus i sychu. Roedd acw ddigon o goed, felly y gwaith cyntaf oedd llifio tua dau gant o baledi 18" x 9" a thua 3/8" o drwch, fel bod gennym tua chant i'w defnyddio mewn diwrnod tra bod y cant arall o dan flociau'r diwrnod cynt, gan eu bod angen ychydig mwy na diwrnod i sychu cyn eu bod yn ddiogel i'w dasu ar eu hochrau i orffen caledu.

Yr unig beth oedd yn rhaid inni ei brynu oedd y sment, ac os cofiaf yn iawn, roedd pob sach bapur can pwys yn wyth swllt (40c heddiw). Roedd acw ddigonedd o raean glân ar lan yr afon bob amser, a'r unig ffordd i'w gario oedd efo tractor a thrwmbel, a'i lwytho efo rhawiau, wrth gwrs. Dau beth arall oedd eu hangen i wneud y blocs oedd dŵr – ac roedd digon o hwnnw'n gyfleus yn y pistyll gerllaw – a chwys!

Aethpwyd ati o ddifri' ddechrau'r haf. Roedd y dydd yn hir, a'r tywydd yn dda i'r blociau sychu. Doedd gennym yr un cymysgwr concrid efo injan, dim ond un a gâi ei droi â llaw. Job drom iawn. Ar ôl cychwyn araf er mwyn cael ein traed 'danom, ymhen ychydig roeddem ein dau yn gallu gwneud bron i gant o flociau y dydd. Fe wnaethom ychydig dros ddwy fil i gyd. Ar ôl iddynt sychu, roedd y blociau yn llawer cryfach na'r rhai allem eu prynu, gan ein bod yn defnyddio cymysgedd cryf o bump rhawied o raean i un o sment.

Cynllun y saer maen oedd codi dwy res gyfochrog o'r blociau i wneud y waliau allanol, efo gwagle o dair modfedd rhyngddynt i sicrhau y byddai'r tŷ yn sych. Roedd y wal, o'r tu mewn i'r tu allan, yn mesur un fodfedd ar ddeg. Fel roedd y saer maen yn gosod y blociau, a'r saer coed yn gosod y ffenestri a.y.y.b. a Teg a fi yn labro, roedd yn syndod pa mor fuan y cyrhaeddwyd uchder y to. Ar ôl hyn, roedd tipyn mwy o waith gan y saer coed na'r saer maen; coedio gwaelod y llofftydd yn barod i osod y lloriau ac yna cychwyn coedio'r to. Felly roeddwn i'n labro i'r saer coed a Teg yn cynorthwyo'r saer maen fel arfer, a'r ddau grefftwr yn helpu'i gilydd pan ddaeth yn amser toi. Er bod estyniad yr Hendre wedi'i godi ers bron i hanner can mlynedd, mae'n dal yn gadarn fel y graig ac yn berffaith sych.

Doedd dim trydan gan neb yng nghwm Pennant yn nechrau'r pumdegau. O dipyn i beth, roedd ambell un yn prynu *Lister start-o-matic* – y pŵer tebycaf i'r prif gyflenwad trydan ellid ei gael bryd hynny. Tua chanol y pumdegau, prynais innau un ail-law; injan *Lister* efo deinamo a batris. Roedd y system yn gweithio fel a ganlyn: Wrth gynnau'r swits cyntaf, roedd y batris yn tanio'r injan, a'r injan yn ei thro yn cynhyrchu trydan, ac yn trydanu'r batris yn ôl; wrth ddiffodd y swits olaf, byddai'r injan yn stopio. Bu'n rhaid i mi godi lawer gwaith – ar ôl tynnu'r swits-llinyn uwchben fy ngwely i ddiffodd yr injan oedd yn dal i redeg. Rhywun yn rhywle wedi gadael un golau ynghynn!

Doedd gen i'r un adeilad addas i osod yr injan, oherwydd roedd angen ei rhoi yn rhywle ar ei phen ei hun er mwyn ei chadw'n lân a chryno, ac ychydig bellter o'r adeiladau eraill rhag ofn tân. Doedd dim amdani ond codi adeilad bach i'r union ddiben. Roedd rhywfaint o'r blociau concrid yn sbâr ar ôl codi'r estyniad i'r tŷ, ac roeddynt yr union beth yr oeddwn i ei angen. A chan mai deunydd dros ben oeddynt, nid oedd raid talu amdanynt!

Dechreuwyd ar y gwaith trwy wneud llawr concrid, gan ofalu gosod pedwar bollt cryf yn y concrid i ddal y *Lister* yn ei lle. Roeddwn wedi bod yn astudio'r saer maen yn codi'r tŷ, ac roedd gen i syniad purion sut i fynd ati. Roeddwn hefyd wedi dod i'r penderfyniad fod wal o drwch un bloc pedair modfedd yn ddigon cryf i'r diben hwn, gan mai tua chwe throedfedd fyddai uchder y wal. Roedd drws, ffenest a tho i fod ar yr adeilad. Sylwais fod y saer maen, pan oedd yn codi'r tŷ, yn cymryd cryn amser a gofal wrth osod y rhes gyntaf, oherwydd os na fyddai'r rhes gyntaf yn sgwâr a gwastad, byddai'r gweddill yn waeth fyth! Cymerais innau amser hir i osod y rhes gyntaf, gan ofalu eu bod mor agos â phosib i fod yn gywir. Yna, roedd yn weddol hawdd (efo gofal) ac ymhen peth amser, roedd yr adeilad bach yn barod i'r injan *Lister*.

Roedd peiriannwr a thrydanwr da o'r enw Phil Davies yn byw ym Mhantygamallt, Penfforddlas. Un o fois y Sowth ydoedd ac roedd ei dafodiaith yn bur wahanol i un cwm Pennant. Fodd bynnag, roedd Phil yn deall ei waith a gofynnais iddo ddod i osod y *Lister* a gosod y gwifrau priodol drwy'r tŷ a'r adeiladau eraill. Dyn cymharol fyr oedd Phil, ond â chorffolaeth lawer mwy na fi'r adeg honno. Ar ôl agor twll yn nenfwd yr ystafell 'molchi er mwyn i Phil allu mynd i fyny i'r nenlofft, roedd y twll yn rhy fach iddo. Ar ôl cael tipyn o hwyl ynghylch hyn, gofynnodd Phil i mi fynd i fyny, ond wyddwn i ddim beth ar y ddaear oeddwn i fod i'w wneud ar ôl mynd yno!

Llwyddais i fynd drwy'r twll heb drafferth (doedd gen i ddim mwy o fol na milgi'r adeg honno) ac ar ôl cyrraedd, dyma Phil yn gwthio ceblau o'r fan yma a'r fan acw, a rhoi cyfarwyddiadau i mi ynglŷn â lle'r oedd pob un i gael eu gosod. Erbyn inni orffen, roeddwn yn meddwl fod yno ddigon o wifrau i weirio'r Concord; fi yn gwthio pennau'r ceblau drwy'r twll yma a'r twll acw, ond roedd 'rhen Phil yn gwybod yn iawn lle'r oedd pob un i fynd, ac efo ambell i 'gwd boi; grêt!' daeth y weirio i ben yn gymen a threfnus. Bu'r *start-o-matic* yn ddibynadwy iawn am flynyddoedd hyd nes y daeth trydan *MANWEB* i'r ardal.

Ar ôl cael y profiad o godi'r blociau concrid, roeddwn yn rhagweld pob math o bosibiliadau. Roedd angen adeilad gwell i gadw'r gwartheg ifanc yn rhydd, felly dyma ofyn i'r saer coed oedd wedi bod yn ein cynorthwyo i godi estyniad y tŷ ddod i helpu. Gwilym oedd ei enw; Gwilym Pen-ddôl, neu Gwilym yr Esgair (lle y'i ganwyd). Buom ein dau yn gweithio llawer efo'n gilydd ar ôl hynny. Erbyn hyn, roeddwn yn ddigon hyderus i fentro codi blocs concrid fy hun, rhai 18" x 9" x 9" wedi eu prynu, a chael Gwilym i wneud y gwaith coed. Erbyn inni orffen, roedd gennym adeilad cryf a chryno, ac mewn dwy flynedd codwyd adeilad arall tebyg, ond ychydig yn fwy. Roedd pethau'n gweithio'n bur dda; dim ond talu am y deunydd a chyflog Gwilym.

Ymhen rhai blynyddodd, daeth y syniad am godi sied i drin defaid, gan nad oedd to uwchben y gorlan. Doedd yno'r un safle cyfleus yn ymyl adeiladau eraill y fferm, felly penderfynais mai'r peth gorau fyddai ei chodi yn y cae oddi ar y tŷ, oedd yn ddigon cyfleus. Soniais am y cynllun wrth Gwilym, gan mai adeilad coed a sinc oedd o i fod. Gwilym fyddai yng ngofal y gwaith, felly defnyddiwyd wyth o brennau croes fel pyst – y rhain yn hawdd iawn i'w codi am eu bod i gyd yn berffaith gywir. Sinc fyddai'r ochrau a'r to, gydag ambell ddarn o *perspex* yn y to er mwyn cael digon o olau. Byddai dau ddrws llydan ar yr adeilad hefyd, un bob pen.

Roedd Edfryn Owens yn byw yn Nhŷ-mawr ar y pryd, gwta hanner milltir i ffwrdd, ac roedd yn dod draw atom weithiau i weld sut roeddem yn gyrru ymlaen. Roedd Edfryn yn poeni ynglŷn â sut y gallem gadw'r defaid yn lân wrth eu trin, a hynny ar lawr pridd, ond roeddwn wedi cynllunio gosod llawr delltog yno. Pan soniais am y *slatted floor* wrth Edfryn, ddywedodd o fawr ddim, ond ar ôl mynd adref dyma fo'n sôn wrth y bechgyn, 'Peth rhyfedd fod Elwyn yn mynd i roi *slates* (llechi!) ar waelod y sied newydd. Chlywais i 'rioed sôn am y fath beth!'

Ond roedd y cynllun yn un digon syml. Gosod coed 4″ x 3″ o bost i bost ar draws gwaelod y sied, ac yna coed 3″ x 2″ ar eu traws; yna hoelio'r dellt iddynt. Roeddem wedi llifio dellt rhyw ddwy fodfedd o led, a thua modfedd o drwch, a'u hoelio i'r coed 3″ x 2″, gan ofalu gadael tua 1/2″ rhwng pob dellten er mwyn iddynt fod yn ddigon cul i arbed traed y defaid rhag mynd rhyngddynt ac yn ddigon llydan i'r baw i gyd fynd trwodd. Mi welais adael rhai defaid yno bron trwy'r dydd, ac ar ddiwedd y dydd byddent yn berffaith lân.

Pan oeddem bron â gorffen llorio'r sied, pwy ddaeth heibio ond Edfryn, ac fe'i gwelaf y funud yma yn sefyll wrth y drws â'i geg hanner ar agor, a'r joien faco yn y golwg yn ei chornel, a dyna pryd y sylweddolodd beth yn union a olygid wrth *slatted floor*. Codwyd sied ddefaid ddefnyddiol dros ben heb fynd i ormod o gost; doedd ond raid imi dalu am y pyst a'r sinc, a chyflog Gwilym. Roedd coed y llawr i gyd wedi eu tyfu a'u llifio gartref!

Wedi imi gael mwy o dir, roeddwn yn naturiol wedi cynyddu nifer y gwartheg hefyd. Ond gan nad oedd digon o le yn y beudai i'w cadw i mewn yn y gaeaf, roedd yn rhaid gwneud rhywbeth. Mae darn o dir a elwir yn 'gro'r afon' yn yr Hendre ac mae afon Twymyn yn llifo trwy ei ganol. Cae bach rhyw hanner cyfer tu hwnt i'r afon ydyw, ychydig o dir sych rhwng yr afon a'r ffordd a thua hanner cyfer o gors gyda dim ond brwyn yn tyfu yno. Roedd yno le i'r dim i gadw rhai buchod allan yn ystod y gaeaf, dim ond cau'r llidiardau bob pen i'r gro i'w rhwystro rhag mynd i'r caeau porfa a'r caeau gwair yn ystod cyfnodau gwlyb y gaeaf rhag iddynt dorri'r tir, ond roedd yn rhaid cael rhyw fath o le iddynt gysgodi ar dywydd garw. Y syniad oedd codi sied iddynt allu mynd i mewn ac allan ohoni fel y mynnent, gan adael un pen iddi ar agor.

Ar ôl dewis man pwrpasol heb fod yn rhy bell o'r afon, ond yn ddigon pell rhag ofn inni gael llifogydd, mesurwyd y tir a'i farcio cyn mynd ati i geibio. Roedd yn rhaid cloddio tua throedfedd o ddyfnder a thua throedfedd a hanner o led, er mwyn gofalu cael sylfaen gwbl gadarn, oherwydd roeddwn yn bwriadu codi waliau o flocs concrid 18″ x 9″ x 9″ â sinc ar y to. Roeddwn wedi cynllunio'r adeilad efo waliau ar ddwy ochr, un talcen cyffredin a'r talcen arall yn agored tua hanner ffordd, gan ofalu gadael digon o le i godi drws fyddai'n ddigon llydan i fedru defnyddio tractor i garthu.

Ar ôl gorffen tyrchu ar gyfer y sylfaen, roedd yn rhaid ei lenwi'n ôl â choncrid a'i adael am ddau neu dri diwrnod i galedu. Yna byddai'n barod imi gychwyn codi'r blocs. Er fy mod yn gweithio oriau hir, roedd yn waith pur araf erbyn imi gario'r blociau i'w lle oddi ar y trelar a chymysgu'r mortar efo rhaw. Roedd pethau'n gweithio'n burion am y pedair neu bum troedfedd gyntaf tra oeddwn yn gallu estyn oddi ar y llawr, ond wedyn roedd yn rhaid gweithio o ben mainc, ac yn nes ymlaen, o ben rhyw fath o sgaffaldie. Pan oeddwn bron â chyrraedd at uchder y to, bu'n rhaid cael cymorth yr hen gyfaill Gwilym Pen-ddôl i osod y coed yn barod ar gyfer y sinc.

Roedd yn rhaid bod yn ofalus iawn wrth godi unrhyw adeilad yn yr Hendre, gan wneud yn siŵr ein bod yn gosod strapiau haearn yn sownd o goed y to i'r waliau, er mwyn diogelu'r holl adeilad, oherwydd bod cwm Pennant yn fan sy'n agored i'r gwynt o bob cyfeiriad. Cofiaf yn ystod un storm weld crats defaid yn cael ei hyrddio fel blwch matsys dros ben y gwrych o un cae i'r llall.

Gorffennwyd y sied a phrofodd i fod yn ddefnyddiol iawn. Roeddwn yn gallu cadw wyth o fuchod yno drwy'r gaeaf, a dyna fendith oedd bod y rhan fwyaf o fuchod yr ardal heb gyrn ac felly'n cyd-fwyta ac yn cytuno'n burion. Ac eithrio mynd i mewn i fwyta, allan y byddent fel arfer os na fyddai stormydd o wynt a glaw, a hwythau bryd hynny yn barod iawn i fynd i mewn i gysgodi. Ar dywydd tawel o rew ac eira, allan y byddent bob amser.

Eu bwydo ddwywaith y dydd oedd y drefn. Roeddwn wedi gadael un cwpwl ym mhen draw'r sied i gadw gwair a gwellt, ac ar adegau prysur, megis yn ystod y cyfnod wyna, byddai Mair wrth ei bodd yn mynd i lawr i'r sied i borthi yn y bore, ac weithiau fin nos. Roedd popeth yn gyfleus iawn yno, ac ar hyd y blynyddoedd, roedd y buchod oedd yn rhydd i redeg i mewn ac allan fel y mynnent yn ei gwneud hi'n well na'r rheiny oedd wedi eu clymu yn y beudy. Ymhen rhai blynyddoedd, aethpwyd ati i godi ychwanegiad at y sied, ond erbyn hynny roeddwn yn llawer rhy brysur i fynd ati i'w godi fy hun. Cyflogais Dei Hughes a'i fab Wyn o Garno, a Len (fy mhartner cneifio gynt) i'w godi, ac mae'n dal i fod yno heddiw!

Y *crawler*

Gan mai tracs oedd ar y *crawler Fordson Major*, un o'r pethau cyntaf oedd yn rhaid ei gael oedd trelar i'w gario, gan nad oedd yn gyfreithlon i fynd â fo ar hyd ffordd gyhoeddus. Wyddwn i ddim am yr un trelar pwrpasol i'r gwaith yn unlle, a bu'n rhaid mynd ati i wneud un. Dod o hyd i echel oedd yn ddigon cryf i gario tair tunnell ynghyd â phwysau'r trelar ei hun oedd y peth cyntaf, a chefais yr union beth yn y farchnad yn y Trallwng – echel oddi ar un o hen loriau'r fyddin, oedd yn ddigon cryf i'r union ddiben. Wedyn mynd â derwen gref i lawr i felin lifio yn y pentre, gan fod Glyn oedd yn berchen y felin yn arbenigwr ar lifio coed caled. Rhoddais y mesuriadau iddo, ac ymhen diwrnod neu ddau, roedd y cyfan yn barod i mi eu cario adre. Dyna fu am ddyddiau wedi hynny; adeiladu'r trelar. Erbyn y diwedd, roedd o yn wir yn drelar a hanner, wedi ei adeiladu i gyd o dderw pur oedd wedi tyfu ar dir yr Hendre.

Tua dechrau'r pumdegau, gofynnodd bechgyn y Wig imi fynd yno i olwg darn o ffridd roeddynt awydd ei aredig. Tir pur lechweddog, ond roeddwn yn ffyddiog ei fod o fewn gallu'r *crawler*. Cychwynnwyd y gwaith ddechrau'r haf; ei aredig efo aradr ddwy-gwys a honno'n troi cwysi tua phymtheg modfedd. Am rai dyddiau, bu'n gweithio'n dda iawn. Ond cyn hir, roedd blodau clychau glas yn dechrau dod trwodd; mae'n debyg fod chwarter isaf y darn yn llawn o fylbiau clychau glas, a phan ddaw'r blodau i'r golwg, mae wyneb y ddaear yn mynd mor llithrig â phe bai wedi ei rwbio â sebon. Roeddwn mewn cryn helynt gan fod y *crawler* yn mynd i bob man ond â'i ben i fyny'r llechwedd, ac o'r diwedd aeth yn stop arnaf. Doedd dim gafael o gwbl i'w gael, ond cefais syniad.

Roedd gan y Wig *Cletrac* eu hunain - peiriant tebyg i'r *crawler* ond tipyn yn llai. Beth am i'r *Cletrac* helpu i dynnu'r *crawler* i fyny? Ond doedd damaid o les dod â hwnnw i ganol y clychau glas; yr un peth yn union fyddai'r canlyniad, sef crafu yn ei unfan. Dyna pryd y rhoddwyd syniad arall ar waith. Roedd gen i raff wifrau tua chan llath o hyd, a dyma'r cynllun: rhoi pwli-bloc yn sownd wrth goeden efo cadwyn ar ben ucha'r darn tir, yna rhedeg y rhaff wifrau trwy'r bloc, mynd ag un pen y rhaff i lawr a'i rhoi'n sownd yn y *crawler*, a bachu'r pen arall yn y *Cletrac*. Hwnnw wedyn yn tynnu ychydig i lawr y llechwedd er mwyn helpu rhywfaint ar y *crawler* allan o'r clychau glas! Grêt! Roedd yn waith araf a thipyn yn llafurus, ond llwyddom i orffen yr aredig yn ddigon cryno. Roedd fy ngwaith i ar ben.

Dyna'r adeg pan y dechreuai'r gwaith mwyaf i'r bechgyn. Rhaid oedd gweithio'r tir efo deuben o geffylau, cario'r calch i gyd iddo (mewn sachau papur can pwys bryd hynny) a'i chwalu efo rhawiau. Chwalu'r slag i gyd â llaw hefyd, a hadu â llaw wrth gwrs, ond doedd bechgyn y Wig ddim tamaid o ofn gwaith. Roeddem ein tri yn ein hugeiniau ar y pryd a bu'r ailhadu'n llwyddiant.

Cofiaf dro arall a allai fod wedi peri cryn ofid, ond ni chafwyd unrhyw niwed, trwy lwc. Roeddwn yn gweithio ar fferm Maesycreiau, Llanwrin, ar ddiwrnod poeth tua dechrau'r haf. Llusgo'r *disc harrow* oedd y gwaith, ar ddarn o dir heb fod yn llechweddog iawn, bron yng ngolwg Cae Adda. Mae'n bosibl fy mod wedi cael noswaith hwyr y noson cynt, ac yn sŵn undonedd y traciau – clec, clec, clec – fe gysgais! Erbyn i mi ddeffro, roeddwn bron iawn â chyrraedd y clawdd; ond deffrais mewn pryd, a bu hynny'n wers i mi am byth!

Erbyn hyn, roedd gen i fwy o waith nag y medrwn ei wneud fy hun, ac fe gyflogais fachgen o ardal Penfforddlas i gymryd y cyfrifoldeb o weithio'r *crawler*. William Pugh oedd ei enw bedydd, ond Wil Esgairgoch oedd o i bawb. Rwy'n meddwl fod Wil tua blwyddyn yn hŷn na fi, ac yn weithiwr da. Ynghyd â bod yn grefftwr da ei law, fe gymerai falchder yn ei waith, beth bynnag a wnâi, ac yn fwy na dim, roedd yn cymryd gofal arbennig o'r peiriannau. Fel y dywedodd Sam Pennal rhyw dro, 'Mae oel a *grease* yn rhatach na *repairs*' (gwir pob gair).

Bu Wil efo fi am flynyddoedd, ac fe gawsom amseroedd da efo'n gilydd, a rhai troeon trwstan. Y peiriannau oedd dan ei ofal fwyaf oedd y *crawler*, y *disc harrow* a'r ddwy aradr, yr un ddwy-gwys a'r un fawr un-gwys, sef y *Prairie Buster*, tipyn o declyn, ac yn arbennig at bwrpas aredig hen dir garw, mynydd-dir nad oedd erioed wedi ei aredig o'r blaen. Roedd yn troi hyd at ddeg modfedd ar hugain o led, a dyfnder o wyth i ddeg modfedd, ac yn gosod pob cwys i orwedd yn berffaith.

Un gwanwyn, roeddwn wedi trefnu i Wil fynd i lawr i Ddolfor ger y Drenewydd i weithio darn o dir, ac i gychwyn fore Llun ymhen wythnos, ond daeth William Ashton, Waengittin, Llawryglyn, acw i gynnig gwaith i ni aredig a gweithio darn o fynydd Bwlchywern oedd o yn ei ffermio efo Waengittin. Aeth Wil a fi efo William Ashton i weld y darn tir, a phenderfynu ei fod yn ormod o waith i'w wneud i gyd mewn wythnos, gan ein bod eisoes wedi addo mynd i Ddolfor ar y dydd Llun canlynol. Ond cafodd Wil syniad, ac medde fo, 'Mae'n biti i ni orfod gwrthod y job yma, os wyt ti'n gêm, mi weithia i o wyth y bore tan wyth y nos, os wyt ti'n fodlon gweithio'r nos.'

Gan fod golau da ar y *crawler*, y tu blaen a'r tu ôl, cymerwyd y job. Symudwyd Wil a'r tacl i gyd i fyny i Bwlchywern, ac roedd yntau yn barod i gychwyn erbyn amser cinio ddydd Llun. Fe es i adre ac i'r gwely i gael ychydig oriau o gwsg, ond ni fu hyn yn llwyddiant. Doeddwn i erioed wedi arfer cysgu liw dydd. Ar ôl swper, mynd â thipyn o frechdanau a dwy fflasg efo fi i fyny i Fwlchywern erbyn wyth y nos. Erbyn hynny, roedd Wil wedi dechrau cael hwyl pur dda ar yr aredig, ac yn fy rhybuddio, 'Cadwa di'r gwys yn syth; mi wela i di yn y bore.'

Ar ôl llenwi tanc y *crawler*, cychwynnais y shifft nos, ac aeth Wil adre i'w wely. Roedd gweithio trwy'r nos ac aros am y wawr yn brofiad rhyfedd iawn. Roeddwn, fel pawb arall, wedi arfer gweithio trwy'r dydd ac aros iddi nosi. Yr hyn a'm syfrdanodd, pan sefais ymhen rhai oriau am ychydig o frechdanau, oedd y tawelwch. Pan saif rhywun yn ystod oriau'r dydd, mae yno bob amser sŵn yn rhywle, naill ai sŵn cerbydau, cŵn yn cyfarth, defaid yn brefu, neu hyd yn oed sŵn adar bach. Yng nghanol nos ar ben mynydd, mae'n anodd credu mor llethol yw'r distawrwydd. Roedd hi bron iawn â bod yn frawychus yno, ac roeddwn yn fwy na balch o gael ail-danio'r *crawler* a gwrando ar ei draciau'n clecian.

Daeth Wil i fyny yn brydlon erbyn wyth, a rhaid fy mod wedi gwneud job go lew (yn y tywyllwch) oherwydd doedd ganddo'r un sylw ar fy ngwaith. Dyna fu'r drefn trwy'r wythnos – Wil yn gweithio deuddeg awr y dydd, a finne'n gweithio deuddeg awr y nos. Ar ôl gorffen aredig, dechreuwyd discio, a gorffennwyd y gwaith erbyn prynhawn dydd Gwener, a phawb yn ddigon bodlon. Roedd mynydd William Ashton wedi cael ei aredig a'i weithio; roedd Wil yn hapus fod ei syniad wedi gweithio, ac roeddwn innau'n hapus iawn, gan mai fesul awr y caem ein talu. Ni chefais i erioed dâl am gymaint o oriau mewn wythnos!

Dro arall, a Wil yn gweithio ar fynydd Esgeirieth, Llawr-y-glyn, galwais heibio iddo. Pan welodd o fi, dyma fo'n dechrau gwenu a phan ddaeth o fewn cyrraedd, stopiodd y *crawler*, dod oddi arno, a cherdded tuag ataf gan ddal i wenu. Ac yntau ychydig lathenni i ffwrdd, plygodd i lawr nes na welwn i ond ei gap *beret* a thynnodd y *beret* i ffwrdd. Roedd Wil wedi cael *perm*! Wel o bob peth! Ond yng nghanol y pridd a'r llwch, ddaliodd y *perm* ddim yn hir!

Dro arall, roedd Wil a finnau'n llwytho'r *crawler* ar y ffordd wrth Gwartew, cartref Goronwy Owen a Mair, ei wraig. Roedd ganddynt fab o'r enw John, ac os ydw i'n iawn, mae o heddiw'n cadw swyddfa bost a siop yn Bow Street, ger Aberystwyth. Roedd John tua phump neu chwech oed ar y pryd ac wrth ei fodd yn gwylio'r llwytho. Roedd o'n adnabod Wil, am ei fod wedi bod yn gweithio ym Mraichyfedw. Roedd Wil yn smocio cetyn a John yn swnian 'eisiau smôc' a Wil yn gwneud rhyw esgusodion: 'Mi fyddi di'n sâl,' ac yn y blaen. 'Na, mi fydda i'n iawn, dwi wedi arfer!' O'r diwedd dyma Wil yn llwytho'r cetyn, ei danio, ac yna ei osod yn syth yng ngheg John. Dyma John yn tynnu, ac yn mygu, ac yn joio, ond mewn munud, welais i erioed neb mor sâl. O'r truan! Dyma'i ginio a'i frecwast, ac efallai swper y noson cynt i'r golwg! Roedd ei wyneb fel lliwiau'r enfys. Tybed ydy John yn smocio heddiw? Dydw i ddim yn meddwl imi ei weld ers y diwrnod hwnnw.

Un mis Chwefror, cefais waith cario deunydd ffensio i ystad Syr Watcyn, o fuarth Clegyrnant i ben draw'r mynydd. Roedd yr ystad wedi gofyn i gontractwyr coedwigaeth godi ffens rhwng mynydd Cwmpenllydan a Chlegyrnant. Roedd y pyst a'r polion a'r *netting* a.y.y.b. wedi dod mewn lorïau i fuarth Clegyrnant, a daeth y gwaith o'u cario i'w lle i mi a'r *crawler*. Cyfaill da i mi, sef Siôn Merfyn – a weithiai i'r contractwyr coedwigaeth ar y pryd – oedd yn fy helpu i lwytho a dadlwytho. Roedd tipyn o daith o'r buarth i ben draw'r mynydd a dim ond rhyw drac cul oedd yno yn ffordd. Cychwynnwyd dadlwytho'r llwyth cyntaf ym mhen pellaf y mynydd, wrth ffens Cwmderwen, Cwm Nant-yr-eira a gweithio tuag i lawr. Roedd rhywun wedi marcio'r terfyn i ni ac roeddem yn dadlwytho wrth fynd ymlaen, ac erbyn cario'r cwbl, roeddem ar grib y mynydd ac yn edrych i lawr yn union uwchben tŷ Cwmpenllydan.

Adeg difrifol o oer, ac wrth gwrs, nid oedd cab ar dractor yr adeg honno. Roedd rhywfaint o eira ar y ddaear, bron hanner y ffordd i lawr o ben y mynydd, ac ambell bluen eira yn dal i ddisgyn. Roedd hi hefyd yn rhewi'n galed iawn. Câi Siôn ei gario i fyny, ond er mwyn ceisio cadw'n gynnes, cerddai tua hanner y ffordd i lawr gan amlaf, ac mae'n siŵr iddo gael amser i farddoni wrth gerdded i gadw'n gynnes. Mae Siôn erbyn hyn yn un o feirdd gorau'r ardal, ac yn cyfrannu'n gyson i'r papur bro lleol, *Y Blewyn Glas*.

Bûm am flynyddoedd yn gweithio'r *crawler* o Benfforddlas i Lanwrin i Gaersŵs, ac yn mwynhau'r gwaith, ond bu bron iawn iddo fy lladd. Mis Awst 1955 oedd hi, ac erbyn y 12fed roeddwn wedi gorffen gweithio darn mawr o fynydd yr ochr uchaf i dŷ Carnedd, Caersŵs, ac yn paratoi i ddod â'r cyfan adref. Pan fyddwn yn llwytho'r *crawler*, roeddwn bob amser yn gosod jacs dan gefn y trelar, oherwydd wrth ei lwytho byddai pwysau'r *crawler* i gyd ar du ôl y trelar am ychydig eiliadau. Y tro hwn roeddwn wedi dewis y darn tir mwyaf gwastad oedd ar gael i'w lwytho, ond heb fod ymhell o gwm bach, ac wedi gosod tri jac o dan ben ôl y trelar er mwyn iddo fod mor ddiogel â phosibl.

Wedi stopio'r *Marshall*, a'i osod yn y gêr ôl a'r brec ymlaen, dyma gychwyn i fyny'r ramps i'r trelar. Roeddwn wedi cyrraedd rhan ôl y trelar pan ddechreuodd y cyfan symud oddi tanaf; mae'n debyg fod pwysau'r *crawler* i gyd ar y croesbren ôl wedi peri i'r tri jac suddo ychydig i'r ddaear, gan ysgafnhau'r pwysau ar far tynnu y *Marshall*. Dyma'r cyfan i ffwrdd! Erbyn imi sylweddoli beth oedd yn digwydd a diffodd injan y *crawler*, roedd y *Marshall* wedi troi ac yn mynd ar ei ben i'r cwm, a'r trelar a'r *crawler* a finnau'n ddilyn. Mae'n debyg i mi gau fy llygaid am eiliad, a phan agorais nhw, dyna olygfa ofnadwy. Y cyfan ar gefn ei gilydd yn y cwm a finnau wedi cael fy nhaflu i ochr arall y cwm bach. Y peth cyntaf a ddaeth i fy meddwl yng nghanol cryn dipyn o boen oedd 'Beth am ddydd Sadwrn nesaf, yr 20fed o Awst?' Roedd Mair a fi wedi trefnu i briodi ar y diwrnod hwnnw!

Yr hyn a achubodd fy mywyd, heb amheuaeth, oedd llwyn drain mawr cryf. Taflwyd fi heibio iddo ac roedd y llwyn drain yn ddigon cryf i ddal y *crawler* rhag fy nilyn, neu yn ôl pob tebyg, buasai'r *crawler* wedi disgyn ar fy nghefn (tair tunnell ohono) ac mae'n anodd credu y buasai neb wedi byw petai hynny wedi digwydd iddo. Wrth i hyn ddigwydd, roedd rhywbeth go galed wedi fy mwrw yn fy nghoesau, ychydig yn uwch na'm pengliniau ac wedi parlysu fy nghoesau'n llwyr, ond o eistedd ar fy mhen-ôl, roeddwn yn gallu symud ychydig ar fysedd fy nwy droed, ac yn rhyw gysuro fy hun nad oedd, o bosibl, esgyrn wedi eu torri.

Y broblem nesaf oedd sut yn y byd yr awn oddi yno? Doedd gen i ddim gobaith sefyll ar fy nhraed, a doedd dim gobaith chwaith y byddai unrhyw un yn dod i chwilio amdanaf, am rai oriau o leiaf. Dyma gychwyn gwthio fy hun, ar fy mhen ôl, i lawr at ffordd oedd yn rhedeg efo gwaelod y tir. Roeddwn yn gallu symud yn weddol i lawr y rhiw, ond pan gyrhaeddais y ffordd, oedd hefyd yn arwain at dŷ Carnedd, roedd hi dipyn anoddach. Fedrwn i byth wthio fy hun, â'm traed gyntaf, i fyny'r ychydig riw oedd yno. Ond daeth syniad i'm meddwl: beth am droi a gwthio fy hun wysg fy nghefn? Roedd y syniad yn gweithio, ond roedd y cyfan yn broses ddifrifol o ara' a phoenus, a dyna broblem arall yn ymddangos: roeddwn erbyn hyn wedi cyrraedd llidiart ar draws y ffordd, a hwnnw'n agor tuag ataf! a finne ar y llawr yn methu cyrraedd y gliced! Ond doedd popeth ddim yn fy erbyn serch hynny. Roedd darn o hen bolyn o fewn cyrraedd i mi, a chyda'r polyn, medrwn estyn am y gliced ac agor y llidiart, ac yna llusgo fy hun am ryw hanner canllath arall i gyfeiriad Carnedd.

Erbyn hyn, roeddwn wedi ymlâdd yn lân, a gorweddais yn ôl ar y clawdd gan edrych i gyfeiriad Carnedd, oedd erbyn hyn o fewn golwg, yn y gobaith y gwelwn rywun yn rhywle i'm helpu. Gwelwn rywun yn chwarae efo'i feic ar y buarth felly dyma ddechrau gweiddi am gymorth, ond bob tro y gwaeddwn, byddai'r boi ar y beic yn mynd o'r golwg. Erbyn hyn roeddwn wedi gweiddi hynny allwn nes bod fy ngheg a 'ngwddf fel anialwch Sahara. Dyma syniad arall yn fy nharo: tynnais fy nghrys a dechrau ei chwifio i gyfeiriad boi'r beic. O'r diwedd, daeth Mrs Davies, Carnedd i'r golwg i weld beth oedd y bachgen yn ei weld, a rhedodd ataf bob cam o dŷ Carnedd, oedd yn siŵr o fod tua chanllath i ffwrdd.

Ar ôl iddi ddeall beth oedd wedi digwydd, rhedodd bob cam yn ôl at y tŷ ac mewn dwy funud, daeth yn ôl ataf â chlustog i'w rhoi o dan fy mhen a chwpanaid o ddŵr i mi yfed. Dyna'r dŵr melysaf i mi ei flasu erioed! Yna gofynnodd beth oeddwn i am iddi hi wneud nesaf a gofynnais a fuasai mor garedig â mynd i lawr i'r garej yng Nghaersŵs i gael tacsi i fynd â fi adref. Daeth y tacsi, ac adref â fi. Pan welodd Mam fy nghyflwr, dywedodd: 'Well iti fynd i weld y doctor'. Doedd dim ffôn acw bryd hynny.

Roedd Menna'n byw yn y Pandy'r adeg honno, rhyw filltir i lawr y ffordd, a hi aeth â fi at Dr Davies yn Abertwymyn, Cemaes Road. Wedi iddo gael cipolwg arnaf yn y car, dywedodd, 'Fedra' i wneud dim i ti yma heb wybod mwy am faint y difrod sydd arnat ti; Aberystwyth ydy'r lle i ti, boi'. Ac i lawr i adran ddamweiniau yr ysbyty yn Aberystwyth â ni. Roeddynt yn fy nisgwyl, a gosodwyd fi ar y bwrdd. Meddyg bach croen tywyll oedd yn fy archwilio; Dr Zadeck neu rywbeth tebyg oedd ei enw. Bu'n holi tipyn arnaf wrth dynnu fy nhrowsus. Ond erbyn hyn, roedd fy nwy goes wedi chwyddo nes eu bod yn llenwi coesau fy nhrowsus, ac yn ffitio mor dynn â throwsus *Teddy boy,* a dyma lle bu yn gwasgu'r fan yma a'r fan arall ac yn troi fy nhraed i bob cyfeiriad. Er fy mod yn cael tipyn mwy o boen dan ei ddwylo, doeddwn i'n gwneud yr un smic o sŵn. Roedd fy meddwl i ar Mair a'r briodas ddydd Sadwrn!

Fodd bynnag, ar ôl siarad â rhai o'r meddygon eraill, dyma fo'n troi ataf a dweud, '*We think you have no broken bones, no? You can go home to bed for at least a few weeks, yes? You are very badly bruised*'. Wel, dyna oedd o'n feddwl. Roedd gen i gynlluniau gwahanol. Roeddwn i'n mynd i briodi ddydd Sadwrn, felly adref â ni. Erbyn cyrraedd adref, roedd Mam wedi gosod gwely lawr staer mewn stafell fach gyfleus oeddem yn ei galw'n siambar, ac i'r gwely â fi. Yn rhyfedd iawn, ar ôl cyrraedd gwely clyd esmwyth, gallwn ymlacio am y tro cyntaf ers oriau. Er fy mod mewn tipyn o boen o hyd, roeddwn yn teimlo'n ddiolchgar iawn fy mod cystal ag yr oeddwn.

Fore trannoeth, ar ôl bod yn llonydd am oriau, roedd fy nghoesau yr un lliw â'r enfys i gyd, ac yn fwy diffrwyth na phoenus. Serch hynny, roedd yn rhaid gwneud rhywbeth; roedd priodas i fod, rywsut neu'i gilydd! Dyna lle'r oeddwn ar wastad fy nghefn yn ymdrechu i symud fy nhraed neu unrhyw beth arall. Daeth Mair i fy ngweld, ac yn ddigon naturiol, dechreuodd boeni am ddydd Sadwrn. Dywedais innau wrthi, 'Paid â phoeni, mi fydda i yn y sêt fawr yn aros amdanat ti fore Sadwrn'. Ac felly y bu. Cyrhaeddais y sêt fawr fel yr oeddwn wedi addo, ond gan ddal i ddibynnu'n helaeth iawn ar fy ffon, a'r gwas priodas wrth fy ochr yn gwneud yr hyn a allai i fy nghynorthwyo. Pwy oedd y gwas? Wel Teg, debyg iawn. Pwy arall? A dyna sut y cychwynnodd Mair a finnau ein bywyd priodasol.

Cneifio

Erbyn tua diwedd y pumdegau, roedd rhai ffermwyr wedi dechrau cneifio â pheiriannau, neu dalu i Bill Lewis, Tŷ-gwyn, Carno, oedd yn gontractiwr, i gneifio iddynt. Un diwrnod, dyma gyfaill i mi, Dafydd Edwin, y Cattel, a minnau'n digwydd sgwrsio ac awgrymodd un ohonom inni brynu peiriant cneifio rhyngom, a dyna a wnaethom. *Mounthill Two* oedd y peiriant; injan *JAP* wedi ei gosod yn y canol i yrru dau fraced efo beltiau, un bob ochr i'r injan. Rwy'n meddwl mai £68 oedd ei bris.

Y bwriad oedd cneifio ein defaid ein hunain gan obeithio, efallai gael cyfle i gneifio defaid rhai o'n cymdogion hefyd, ac felly y bu. Erbyn diwedd ein tymor cyntaf, ar wahân i gneifio ein defaid ni, roeddem hefyd wedi cneifio digon i dalu am y peiriant. Y pris am gneifio yr adeg honno oedd swllt y ddafad, sef ugain dafad am £1. Buom yn ffodus i gychwyn y busnes cneifio ar yr union adeg iawn, ac yn fuan iawn roedd gennym gymaint o waith ag y gallem ei wneud. Y flwyddyn ganlynol, er mwyn cael tri i gneifio yn lle dau, gosodwyd pwli dwbl ar un braced; hwnnw wedyn yn gyrru'r trydydd braced, ac felly roeddem yn dri bob dydd. Yn fuan iawn wedyn bu'n rhaid prynu peiriant arall, a hwnnw hefyd yn gyrru tri. Weithiau, ar ffermydd mawr, byddem yn chwech efo'n gilydd, ac weithiau byddai Dafydd Edwin a dau arall, a finnau a dau arall, yn mynd i wahanol fannau.

Doedd dim sôn am Godfrey Bowen y dyddiau hynny. Fo ddyfeisiodd y dull o gneifio y mae pawb yn ei ddefnyddio heddiw. Roeddem i gyd â'n dulliau ein hunain. Defnyddiem fainc fach isel, tua dwy droedfedd wrth droedfedd a hanner oedd yn amrywio o tua chwech i naw modfedd o uchder. Roeddem yn teimlo fod hyn yn gymorth i'n cefnau o'i gymharu â chneifio ar lawr. (Roedd rhywfaint o ôl codwm Carnedd flynyddoedd ynghynt yn dal ar fy nghefn.) Er ein bod yn gweithio'n galed, roedd llawer o bleser a hwyl i'w gael wrth y gwaith.

Cofiaf yn dda dri ohonom yn cneifio yn Nolcorsllwyn. Len, oedd efo fi bob dydd; bachgen arall oedd yn ein cynorthwyo weithiau – bachgen cryf fel ceffyl; a minnau. Fe alwn ni'r bachgen yn Jim, er nad dyna oedd ei enw iawn. (Mae o wedi marw ers blynyddoedd bellach.) Byddwn bob amser yn dweud wrth rywun fyddai efo ni am y tro cyntaf i gneifio yn ôl ei allu, a gwneud hynny'n drefnus, gan beidio â malio faint o ddefaid fyddai'r lleill yn eu cneifio. Ond doedd Jim ddim yn fodlon ar hynny; roedd o'n ymdrechu'n galed iawn i ollwng dafad am ddafad â Len a fi, ond doedd ganddo ddim gobaith; wedi'r cyfan, roedd gennym ni fantais fawr arno, gan ein bod yn cneifio bob dydd ac yntau ond wrthi ambell ddiwrnod.

Roedd Jim druan yn slafio am nad oedd wedi gorffen dysgu'r grefft o ddal ei ddefaid yn esmwyth ar y fainc. O'r herwydd, byddai ei ddefaid yn cicio o hyd, un ar ôl y llall, ac roedd hynny'n gwylltio Jim. Er mwyn cael tipyn o hwyl diniwed, meddai Ken, oedd yn dal y defaid i ni, 'Beth sy'n bod ar dy ddefaid di, Jim? Maen nhw i gyd yn cicio gen ti. Mae defaid Elwyn a Len yn dawel'. Dyma Jim druan yn sythu ei gefn a'r chwys yn tasgu oddi arno, ac meddai, 'Cau dy geg, Ken. Rydw i wedi gweld mwy o ddefaid nag wyt ti wedi'u gweld o datws!' Dyna'r cyfan oedd Ken eisiau, sef tipyn o hwyl.

Dro arall, roedd chwech ohonom yn cneifio ar fferm Cefn-coch i fyny oddi ar bentref Cemaes Road. Roedd un o'r gweithwyr y diwrnod hwnnw'n gymeriad lliwgar, a'i iaith yn fwy lliwgar fyth! Fe'i galwn o'n Glen – rhaid bod yn ofalus gan fod Glen yn dal yn fyw ac yn iach! Roedd Glen yn dipyn o smociwr ac yn y dafarn bron bob nos, ac rwy'n siŵr imi glywed rhai geiriau ganddo na welais i erioed mohonynt ar bapur! Serch hynny, roedd yn gymeriad hoffus, ei gymdogion i gyd yn hoff ohono ac roedd yn barod ei gymwynas bob amser.

Yng nghornel y llawr cneifio roedd casgen o seidr i bawb oedd yn dymuno helpu ei hun. Roedd Glen wrth ei fodd ac yn helpu ei hun yn bur aml! Ar ôl cael cinio, aeth pawb i eistedd y tu allan am ychydig funudau cyn ailgychwyn, am ei bod yn ddiwrnod braf. Roeddwn yn digwydd bod yn eistedd wrth ochr Glen, a hwnnw'n bytheirio ac yn cwyno am ei stumog. Ceisiais roi tipyn o synnwyr yn ei ben: 'Pwy les iti gwyno dy stumog fel hyn ar ôl yfed yr hen sothach yna trwy'r bore?' Trodd Glen ataf â gwên fawr ar ei wyneb. 'Weli di yma mêt; rhaid imi fod yn ofalus iawn be dwi'n fwyta, ond mi alla' i yfed pob diawl o bob peth!' Un fel yna oedd Glen.

Dro arall roedd Glen wrthi'n cneifio hen ddafad go denau, ac wedi gwneud amryw o fân doriadau yn ei chroen. (Roedd hi'n anodd peidio efo dafad denau.) Daeth y bòs heibio iddo efo'r botel oel briwiau gan ddweud yn dawel yng nghlust Glen, 'Mae yna lawn digon o sêr (gan gyfeirio at y toriadau) ar honna, Glen'. Sythodd Glen ac edrych i fyw ei lygaid, ac meddai heb flewyn ar dafod, 'Edrychwch chi'r ochr arall iddi, ac mi gewch chi weld y lleuad!'

Dim ond un digwyddiad annymunol a gawsom yn ystod y pedair blynedd ar ddeg o gydweithio hapus. Roeddem yn cneifio i Mr Tuck yn Berllan Deg ac roeddwn wedi gofyn iddo a gaem gychwyn yn brydlon am wyth o'r gloch y bore. Roeddwn wedi addo cneifio i Evan Evans, Llwynygronfa ar ôl cinio y diwrnod hwnnw. Cafwyd cychwyn prydlon a phawb a phopeth yn gweithio'n esmwyth, ond rhywbryd tua chanol y bore, daeth cyfaill i Mr Tuck, oedd yn ffermio nid nepell i ffwrdd, yno i helpu. Sais oedd o, ac fe ddechreuodd gario'r defaid i ni. Yr arferiad oedd dod â dafad i ni a'i gosod â'i phen ôl ar y fainc fach isel oedd gennym. Roedd y drefn hon yn gweithio gan bawb ym mhobman, ond ar ôl dal a chario am ychydig amser, dyma'r cyfaill dieithr yn dod â dafad i mi gan adael ei phen ôl ar y llawr, ac estyn un o'i thraed blaen i mi. Roedd hynny'n golygu y buasai'n rhaid i mi ei llusgo i fyny'r fainc gan ddefnyddio dim ond fy llaw chwith gan fy mod yn cydio'n y peiriant cneifio â'm llaw dde, ac meddwn wrtho, *'Will you put it on the bench for me please?'* ac fe wnaeth. A dyna, feddyliais i, oedd diwedd y stori!

Ond pan ddaeth â'r ddafad nesaf i mi, meddai, *'You could have helped me with that last sheep'*. Roeddwn i'n dechrau poethi wrth glywed y Sais yn dechrau gosod rheolau i ni; ta waeth, ddywedais i'r un gair yn ôl wrtho. Dyma fo'n dod â'r ddafad nesaf, ac meddai eto, *'I still think you could have helped me with that other sheep'*. Y Nefoedd fawr! Roedd o wedi mynd yn rhy bell y tro hwn! Gollyngais y ddafad, stopio'r injan a mynd ar ei ôl. Er ei fod yn hen ddyn mawr cryf, yr eiliad honno doedd dim gwahaniaeth gen i pe bai o fel Goliath a hanner. Erbyn hynny mae'n debyg ei fod wedi gweld y golau coch ac wedi mynd wysg ei gefn oddi wrtha' i mor bell ag y gallai, nes bod ei gefn yn erbyn y wal. Dywedais wrtho yn fy Saesneg gorau sut oedd pethau i fod o hynny ymlaen.

Roedd yr hen Sais â'i ddwy law i fyny erbyn hyn fel pe bai arno ofn i'r to ddisgyn am ei ben, a chytunodd â phob gair ddwedais i wrtho. *'Alright, alright, alright!'* meddai. Roedd y cerydd wedi taro'r nod. Roedd y bwli mawr wedi mynd yn ddyn bach pur wylaidd. Braf yw cael dweud mai dyna'r unig dro mewn pedair blynedd ar ddeg imi gael achos i golli fy limpin! Fo oedd ar fai, ac fe sylweddolodd hynny, ond yn rhy hwyr, y pwdryn!

Cawsom wahoddiad i fynd i gneifio i Berthyfelin sydd ym mhen uchaf Cwm Cywarch, Dinas Mawddwy. Mae Cwm Cywarch yn fan eithriadol o braf; cwm cul yn arwain at waelod Aran Fawddwy. Mae'n lle bendigedig yn yr haf i unrhyw un sy'n mwynhau tawelwch ac mae'r bobl yno yn hamddenol a chroesawgar. Meirion a Mari Evans oedd yn ffermio Perthyfelin, a'r ddau yn dalpiau o gymeriadau sydd mor nodweddiadol o'r cwm. Yn uwch i fyny'r cwm mae Robert a Beti (efeilliaid, rwy'n meddwl) yn ffermio Plasybont, a'r fferm bellaf yng nghesail yr Aran yw Blaencywarch.

Doeddem ni ddim yn cneifio wrth y tŷ ym Mherthyfelin, ond yn hytrach mewn ysgubor ddi-do oedd wedi bod yn dŷ ar ryw adeg am wn i, yr ochr arall i'r afon. Cafwyd diwrnod dymunol iawn yno, a phawb â digon o amser i bopeth; neb yn gwylltio a rhedeg fel y gwelsom mewn ambell ardal.

Buom yn cneifio yno am flynyddoedd, a chofiaf un diwrnod yn arbennig. Erbyn inni gyrraedd yno, roedd y defaid yn wlyb ac roeddem wedi cael cinio a the yno cyn inni gneifio'r un ddafad. Roeddwn yn teimlo'n ofnadwy o euog am hyn, ond doedd dim fedrem ei wneud a'r defaid yn dal yn wlyb. Fodd bynnag, rywbryd ar ôl te cafwyd dechrau ac fe gneifiwyd y defaid i gyd cyn mynd adref.

Dro arall ym Mherthyfelin, cafwyd diwrnod gwahanol iawn. Diwrnod crasboeth, trymaidd a'r coliaid llwyd wrth eu bodd. Pawb yn chwysu'n chwartiau. Aethom dros yr afon at y tŷ i gael ein cinio ac roedd gweld y dŵr yn glir ac yn oer yn demtasiwn ofnadwy. Mae'n arferiad bob amser i bawb ymolchi eu dwylo cyn mynd i ginio, a dyna wnaed, ond roeddwn i wedi dechrau cynllunio felly gadewais y lliain mewn lle cyfleus er mwyn imi ei gael ar ôl mynd allan. Cafwyd cinio da fel arfer, a phawb yn cychwyn yn ôl dros y bont at eu gwahanol orchwylion.

Roedd yn arferiad gennym, os byddai amser yn caniatáu, i gymryd ychydig funudau ar ôl cinio i orffwys, ond y diwrnod hwn roedd yr afon wedi fy nenu felly gadewais i'r lleill i gyd fynd o fy mlaen. Pan gefais gefn ar yr olaf, sleifiais ar hyd glan yr afon nes cyrraedd pwll bach heb fod ymhell o dŷ Blaencywarch, a'r lliain ar fy ysgwydd. Doedd fawr o waith tynnu amdanaf – dim ond esgidiau a sanau, trowsus a phants – a dyna lle'r oeddwn, mor noeth â'r diwrnod y'm ganed, ar lan yr afon. Mae'n dda nad oedd Siân a'r teulu sydd ym Mlaencywarch heddiw yno ar y pryd! I mewn i'r pwll â fi; roedd yn fendigedig ac yn gyfle da i olchi'r chwys. Fûm i ddim yno fawr o dro, dim ond digon i fwynhau fy hun yn fawr.

Cymeriad arall y bûm yn cneifio iddo oedd y diweddar John Jenkins, Hengwm Cyfeiliog. Mewn oes pan fo gan bawb gerbydau, mae Hengwm mor gyfleus ag unrhyw le arall, ond yn oes y cerdded, roedd yn lle anghysbell iawn. Troi o'r ffordd fawr yn Forge ac ymlaen bron at waelod bwlch Hyddgen, ac yng nghesail y mynydd mae Hengwm. Roeddem wedi cael gwahoddiad i fynd yno i gneifio ac roedd popeth yn mynd yn iawn. Tua hanner awr wedi un ar ddeg, dyma John yn cyhoeddi 'Cinio', felly dyma roi'r gorau iddi a disgwyl mynd i'r tŷ i fwyta, ond na, roedd John wedi trefnu inni i gyd fynd i'r *Tower Cafe* ym Machynlleth am ginio, ac yntau'n talu. Ond am wastraff amser. O'r adeg y gorffennwyd cneifio tan ein bod yn ailgychwyn, roedd dwyawr union wedi mynd heibio, a dywedais wrth y bechgyn, 'Os down ni yma eto, mi ddown â brechdanau efo ni i'w bwyta ganol dydd, ac mi awn i lawr i'r dref ar ôl gorffen i gael pryd iawn.' Ac felly y bu am y blynyddoedd y buom yn cneifio yn Hengwm.

Dro arall yn Hengwm, roedd Emyr Bacheiddon yn gweithio efo ni –

cneifiwr diwyd a threfnus ond yn ddireidus ac yn llawn castiau. Er ei fod erbyn hyn yn ffermwr llwyddiannus, yn briod a dau o blant wedi tyfu ganddo, fuaswn i ddim yn troi fy nghefn arno am eiliad! Yn ôl i Hengwm, ac roedd yn amser cinio. Roedd y rhan fwyaf ohonom yn barod am ein brechdanau, ac yn eu bwyta allan yn y llawr cneifio. Aeth John Jenkins i'r tŷ i fwyta ac aeth Evan Evans a Richard Esgairhir, oedd yno'n ein cynorthwyo ac yn perthyn i John, efo fo.

Cyn hir, roedd yn amlwg fod John wedi cynnau tân gan fod rhimyn o fwg yn dod allan o'r simnai. Yn sydyn, fe gollwyd Emyr, ond ymhen ychydig fe'i gwelais ar do'r ysgubor oedd ynghlwm wrth y tŷ, yn cerdded y crib gyda rhywbeth dan ei fraich. Aeth ymlaen ac at y simnai. Dan ei fraich, roedd tair neu bedair o sachau, a gosododd nhw'n dwt dros y simnai. Ar ôl gwneud yn siŵr nad oedd dim mwg yn dianc, i lawr â fo, a chnocio ar ddrws y tŷ i weld pa olwg oedd yno. Pan agorodd John y drws, dyna lle'r oedd yr ystafell yn llawn o fwg, a'r hen John, Evan Evans a Richard yn pesychu ac yn rhwbio'u llygaid ac yn methu deall pam nad oedd y simnai'n tynnu! Ar ôl cael ei sbort, yn ôl â fo i grib y to i dynnu'r sachau, a hynny mor heini â wiwer.

Dro arall, a ninnau'n cneifio yn ardal Pennal, os cofiaf yn iawn, roeddem wedi gorffen y gwaith am y dydd ac wedi mynd i'r tŷ am fwyd. Roedd salad i swper, gyda dwy neu dair dysgl o domatos ar y bwrdd i bawb helpu eu hunain. Roeddwn i'n digwydd bod yn eistedd gyferbyn ag Emyr ac yn gweld drama'n datblygu. Cymerodd y sawl oedd yn eistedd ar yr ochr dde i Emyr un tomato, ond cyn ei dorri, trodd i'r dde at ei gymydog i ddweud rhywbeth wrtho. Erbyn troi'n ôl at ei blât, roedd y tomato wedi mynd. Roedd Emyr wedi gweld ei gyfle ac wrthi'n ei fwyta'n sobr reit!

Cymerodd yntau domato arall, gan feddwl, mae'n debyg, ei fod wedi gwneud camgymeriad. Ond y camgymeriad mwyaf a wnaeth oedd troi at ei gymydog i ddweud rhywbeth eto. Erbyn iddo droi'n ôl at ei domato, roedd hwnnw wedi mynd yr un ffordd â'r llall! Roeddwn yn wynebu'r ddau, ac yn ei chael yn anodd i gadw wyneb sobr. Estynnodd am ei drydydd tomato, ond mae'n siŵr erbyn hyn, o gofio pwy oedd wrth ei ochr, ei fod yn amau fod rhywbeth o'i le. Twyllodd droi oddi wrth Emyr am y trydydd tro, ond roedd yn ei wylio, a'r tro yma fe ddaliodd y lleidr wrth ei waith! Roeddem i gyd erbyn hyn yn gallu ymollwng a chwerthin yn braf.

Dro arall, wrth y bwrdd eto, dyma Emyr yn cymryd brechdan, bwyta'i chanol a rhoi'r crystyn ar blât y nesaf ato. Roedd hwnnw'n cael blas ar sgwrs efo'r un yr ochr arall iddo wrth i Emyr fwyta canol ei frechdanau, ac yntau druan yn cael ei adael efo'r crwst!

Mae ffermwyr yr Alban yn cneifio rai wythnosau'n ddiweddarach na ffermwyr Cymru, a chafodd rhai ohonom y syniad o fynd yno i gneifio am rhyw bythefnos. Y bwriad oedd cneifio ambell ddiwrnod, a threulio'r gweddill yn mynd o amgylch y wlad i weld y golygfeydd; cyn belled ag y gallem dalu ein costau. Cysylltwyd â ffermwr o ardal Inverness, ac roedd yn ddigon parod i drefnu gwaith i ni. Roedd rhyw bedwar ohonom yn edrych ymlaen yn fawr iawn at y fenter, ac yn ei galw'n rhyw fath o *working holiday!*

Roedd hyn i ddigwydd yn hanner olaf mis Gorffennaf, ond aeth yn dywydd gwlyb ac mae'n debyg ei bod yn waeth byth yn yr Alban, ac ni fedrent addo digon o waith cyson i ni. Mae'n debyg mai'r arferiad yn y rhan honno o'r Alban oedd hel y defaid yn y bore, ond os byddai niwl yn y bore, mae'n bosibl y byddai'n rhaid gohirio'r cneifio am ddiwrnod neu ddau, neu ragor weithiau. Rywsut, ddaeth dim byd o'n cynlluniau a bu'n rhaid rhoi'r gorau i'r syniad.

Er ein bod yn gweithio'n galed, roedd y tymor cneifio yn gyfnod hapus a dymunol iawn gen i. Cneifio digon o ddefaid i dalu am y peiriant wnaeth Dafydd Edwin a fi yn y flwyddyn gyntaf honno, ond pan oeddwn yn rhoi'r gorau i gontractio, roeddem yn y blynyddoedd olaf wedi bod yn cneifio dros ugain mil o ddefaid bob tymor. Fe ddaliodd Dafydd Edwin ati am rai blynyddoedd ar ôl i mi roi'r gorau iddi.

Ar ôl cneifio am ddiwrnod cyfan, neu lai weithiau, roedd yn rhaid hogi'r llafnau, oherwydd roedd cneifio heb fin yn anobeithiol. Roedd yn rhaid cael peiriant pwrpasol i hogi ac roedd yn rhaid gwneud y gwaith yn iawn. Am y ddau dymor cyntaf, roedd cyfaill i mi, Dei Pugh Esgair-goch, yn hogi'r llafnau i ni, ac roedd yn dda wrth ei waith. Ond fel roedd ein gwaith cneifio ni'n cynyddu, roedd yn rhaid i Mair fynd â'r llafnau at Dei i'w hogi bron bob dydd. Felly penderfynais brynu peiriant hogi fy hun, un newydd gan gwmni *Lister* o Dursley. Roedd hyn yn hwyluso llawer gan nad oedd raid mynd â fy llafnau i na rhai Dafydd Edwin oddi cartref i'w hogi.

Cyn hir, daeth llawer o ffermwyr yr ardal i brynu eu peiriannau cneifio eu hunain, ond doedd neb ond Dei a fi yn hogi, ac o'r herwydd, daeth yr hogi i fod yn fusnes bron gymaint â'r cneifio. Roeddwn wrthi am oriau bob nos. Gosodais fainc hir yn ochr yr adeilad lle'r oeddwn yn hogi, gyda hen sach dew fel clustog arni. Yn aml iawn byddai dau neu dri yn eistedd yn aros eu tro. Cafwyd llawer seiat ddiddorol iawn yno. Ar un adeg, roedd ymhell dros gant o enwau ar y llyfr cownt bach, ac roeddynt yn dod o gryn bellter; o Bonterwyd i lawr i Lanrhystud, ac o Drallwng i Dywyn, Meirionnydd. Gan fy mod yn cneifio fy hun, dechreuais gadw ychydig o ddarnau sbâr ac roedd llawer yn dod â'u peiriannau acw os

Ysgol y Pennant tua diwedd y tridegau.
Rhes ôl: Tom Jarman; Willie Davies; Eurig Roberts; Lyn Rees; Mrs Dora Thomas;
Trydedd res: Miss Sarah James; Dossie Tudor; Megan Griffiths; Edna Jervis;
Kathleen Morris; Annie Evans; Mary Evans;
Ail res: Menna Davies; Hilda Newell; Eluned Tudor; Myfanwy Evans; Janet Hughes;
Rhes flaen: Huw Tudor; Emyr Thomas; Gwyn Roberts; Tegryd Lewis; Elwyn Davies.

Band Melinbarhedyn.
'Nhad efo'r 'corn mawr' ar y dde, rhes flaen.

Cydradd ail gyda Siôn Dwyryd ar yr unawd cerdd dant byrfyfyr yn Eisteddfod Genedlaethol Aberteifi. Eleanor Pierce o Landdarog oedd yr enillydd.

Cneifio ym Mrynllys efo Edwin a Dafydd Edwin.
Elis Jervis yn y cefndir.

Rhan o'r Marshall efo Gwenno a Haf (dwy nith) yn 'dreifio'!

Efo Mair yn y Genedlaethol, Aberafan 1966

Ar ddiwrnod ein priodas
20 Awst, 1955

Ar y Marshall a Wil ar y crawler

Eisteddfod Genedlaethol Aberafan 1966 efo'r Parch. Huw Jones a Gwenllian Dwyryd

Triawd D.E.G.
efo Derwyn, Gwyndaf a Beti

Beirniadu yn Sioe Frenhinol Llanelwedd.
Yn dal yr hyrddod o'r chwith i'r dde: Reg Jones, Glynhafren;
Christmas Griffiths, Pontarfynach; Emlyn Watkins, Ceunant.

Tua diwedd y tridegau.
Mam wrth yr hen Fordson bach cyntaf EP.6235; Hywel yn gyrru; dau gefnder imi o Lerpwl, Buddug a rhywun? a Menna; 'Nhad ar ben y llwyth.

'Nhad wedi fy rhoi i sefyll yn yr hen 'Gorn Mawr'

Efo rhai o'r cwpanau

Yr olwyn ddŵr yn gyrru y dyn ar y beic, a'r dyn bach yn troi y rhod!

Côr Bro Cyfeiliog ar ôl ennill y cwpan am yr eildro yn Eisteddfod Carno, Chwefror 1999. (Y cwpan yn rhoddedig gan Mr a Mrs Maldwyn Hughes, Carno.)
Rhes gefn: Hugh Pughe, Gwyndaf Jones, Alun Williams, John Davies, Elwyn Evans, Owen Jones, Y Parch. Wyn Evans, Edward V. Jones, John Anwyl, Hywel Anwyl, Les Humphreys;
Trydedd res: Brythonig Price, Janet Hughes, Delyth Pugh, Dilys Lloyd, Audrey Morgan, Edna Hamer;
Ail res: Eunice Pughe, Beti Griffiths, Dorothy Pugh, Olwen Evans, Glenys Richards, Vera Evans, Tegwen Jones, Alwyna Jones, Margaret Lloyd, Anneura Davies, Marian Rees, Mai Richards, Nerys Williams;
Rhes flaen: Ceinwen Jones, Mary Johnson, Glenys Jones, Jean Furlong, Elwyn Davies, Awel Jones (cyfeilydd), Betty Owen, Anna Jones, Monica Atkins, Mair Davies.

Eistedd yn yr awyren cyn cychwyn i ffwrdd

Llun o'r Hendre a chwm Pennant o'r awyren

Ymarfer efo Morfydd Maesaleg cyn canu cân y Coroni yn Eisteddfod Genedlaethol Bangor

Yng nghylch yr Orsedd yn Eisteddfod Powys, Llanbryn-mair 1963

Gwartheg yr Hendre

Wedi ennill cwpan yn adran y defaid yn Sioe Llanbryn-mair a'r nôd 'E.D.' i'w weld yn blaen ar y defaid

Dathlu pen-blwydd efo rhai o ferched yr ardal!

Efo Buddug, fy chwaer, ar ôl i ni ein dau gael ein urddo i'r Wisg Las.
Cricieth 1975.

Derbyn cwpan gan frenhines sioe Llanbryn-mair 1991
a Hedd Bleddyn yn cyhoeddi

Cyhoeddi 'Powys' 1992

Efo Awel â'r Corn Hirlas a Delyth â'r Aberthged. Powys, Llanbryn-mair, 1993.

Yn sioe Aberhosan efo John Llwyngwern, Llanuwchllyn, a John ac Arwyn y Wig.

oedd rhywbeth wedi torri neu ddim yn gweithio'n iawn, er mwyn i mi gael golwg arnynt. Roedd hyn i gyd, wrth gwrs, yn cymryd amser, yn enwedig gan nad oeddwn yn cychwyn ar yr hogi a'r trwsio tan ar ôl swper.

Ar ôl i mi roi'r gorau i gneifio, roeddwn yn hogi mwy nag erioed, a chofiaf yn dda imi gael fy nal un noson. Roeddwn wedi bod yn gweithio ar y tractor trwy'r dydd ac yn anelu i fod gartref i swper erbyn wyth. Pan gyrhaeddais, roedd rhywun o Ddinas Mawddwy yn aros amdanaf, a chan ei fod wedi teithio cryn bellter, gwnes y camgymeriad o hogi ei lafnau cyn swper. Cyn imi orffen ei rai o, dyma rywun arall yn cyrraedd, ac un arall, ac un arall, ac erbyn imi hogi rhai pawb, roedd hi wedi un ar ddeg o'r gloch, a finne'n dal heb gael unrhyw beth i'w fwyta! Penderfynais, o hynny ymlaen, hyd yn oed pe bai'r Pab ei hun eisiau hogi ei lafnau cneifio, y buasai'n rhaid iddo aros hyd nes i mi gael fy swper!

Rhai o gymeriadau'r ardal

Flynyddoedd yn ôl, roedd dyn yn byw yn Cefn, Pennant, y credai'r ardalwyr ei fod yn dipyn o ddewin a bod ganddo alluoedd goruwchnaturiol, ac fel *Conjure* Cefn y sonient amdano. Roedd ar rai pobl ei ofn, gan fod pethau'n digwydd i'w elynion nad oedd esboniad meidrol iddynt. Ymhen llawer o flynyddoedd wedi marw'r *conjure*, roedd gŵr o'r enw Thomas George Hughes yn ffermio Cefn, ac rwy'n ei gofio'n iawn, gan fod y ffordd a ddefnyddiem i fynd i'r ysgol yn mynd heibio i fuarth Cefn. Roedd Thomas George yn dipyn o dynnwr coes ac ar ôl cinio diwrnod dyrnu, dyma fo'n dangos hen lyfr yr oedd o wedi'i ddarganfod rywle yn y tŷ. Mae'n debyg mai llyfr llawfer ers rhyw oes o'r blaen oedd hwn, ond roedd Thomas George yn ei ddangos i un o'r dyrnwyr gan ei sicrhau mai llyfr y *conjure* oedd o. Roedd amryw ohonynt yn bur ofergoelus, a bron yn ofni edrych o bellter ar lyfr y *conjure*.

Fy nhad oedd yng ngofal yr injan ddyrnu, a gwyddai Thomas George ei fod yn gallu sefyll ar ei ben, dim ond iddo gael dyrnaid o laswellt i gydio ynddo. Dyma'r ddau yn dechrau cynllwynio. Rhywbeth tebyg i hyn ddigwyddodd. Pan aeth pawb i'r ydlan yn barod ar gyfer eu gorchwylion, dyma 'Nhad a Thomas George yn rhyw ffug gweryla; Thomas George yn dweud wrtho fod llyfr y *conjure* yn dal yn ei boced ac os nad oedd yn tewi y gallai wneud iddo sefyll ar ei ben. Wfftiodd 'Nhad at y fath syniad, gan ddweud wrth ei gyfaill nad oedd o'n credu o gwbl yn y fath rwtsh. Cychwynnodd i danio'r tractor, ond y funud nesaf trodd heibio i rai o'r bechgyn fel pe na bai'n gweld neb, nes y gwelodd damaid o laswellt, a chodi'n araf a'i ben ar y ddaear ac i fyny'n syth, a gwaelod ei welingtons tua'r haul! Ar ôl bod â'i ben i lawr am ychydig, dyma Thomas George yn dweud wrtho, 'Dyna chi, William, mi gewch chi ddod i lawr rŵan, a pheidiwch byth eto ag amau'r pŵer sydd yn y llyfr yma!'

Cymeriad cwbl unigryw oedd y diweddar Edwin Edwards. Brodor o Aberangell oedd o, ond ar ôl iddo briodi â Laura, Brynaere, y deuthum i'w adnabod. Roedd yn gymwynaswr mawr na wnaeth ddrwg i neb erioed, ac am ei ddywediadau bachog y cofiaf i amdano'n bennaf. Cofiaf un noson ymarfer efo côr W.E. ac roeddwn ychydig yn hwyr yn cyrraedd. Roedd yn arferiad bob amser i gael toriad bach tua hanner amser ac roeddwn yn digwydd bod yn eistedd wrth ochr Edwin, a dyma fo'n gofyn i mi, 'Beth gadwodd di heno, boi?' Atebais innau efo'r dywediad Saesneg, *'Better late than never.'* Atebodd yn ôl y funud honno; 'Ie, ond cofia di, boi, *better never late.'* Cynnil, ond gwir bob gair.

Roedd o'n eithriadol o garedig wrth anifeiliaid ac roedd gweld unrhyw greadur yn dioddef yn loes calon iddo. Roedd Edwin wedi arfer cneifio â pheiriant cyn y rhan fwyaf ohonom ni yma yn Llanbryn-mair, a bu efo ni am flynyddoedd yn un o'r criw cneifio, er ei fod dipyn yn hŷn na'r gweddill. Roeddem yn cneifio mewn fferm go fawr un tro, a phan aethom i'r tŷ i gael te, a finne'n eistedd nesaf at Edwin, sylwais ei fod wedi rhoi brechdanau yn ei boced. Ddywedais i ddim nes i ni fynd allan ac wedyn gofynnais iddo, 'Wyt ti'n ofni na chawn ni swper yma heno?' Ac meddai, 'Pan oeddwn i'n mynd i'r tŷ, mi welais gi bach ar y ffalt yma a dwi'n barnu'i fod o ar ei fwyd ei hun.' (Golygai hyn, wrth gwrs, fod y ci â golwg eisiau bwyd arno.) Ac yn wir, roedd y ci yn falch iawn o gael y brechdanau o boced Edwin.

Rhyw fore arall, ar ôl iddo ddod i mewn i'r fan ataf, roedd Edwin yn anarferol o dawedog, ond ymhen munud, dyma fo'n deud, 'Mi ges i golled y bore yma. Roeddwn i wedi rhoi buwch a llo bach i mewn ac wedi gosod llidiart i'w cadw mewn cornel, a phan es i i'w gweld nhw'r bore yma, roedd y llo wedi gwthio'i ben drwy'r llidiart ac wedi crogi!' Wrth geisio cydymdeimlo, gofynnais, 'Be wnest ti â fo?' (Y llo) Atebodd, 'Mi rois i rap o gic yn ei din o, ac mi claddes o!' Ymhen blynyddoedd, cafodd Edwin afiechyd creulon iawn, a diwrnod ei angladd, roeddwn yn teimlo 'mod i wedi colli cyfaill cywir.

Cofiaf Dafydd Hughes, Pennant Uchaf, ers pan oeddwn yn blentyn. Hen lanc ydoedd, a'i chwaer Lizzie yn cadw tŷ iddo. Siaradai'n araf ac yn dawel bob amser. Mab i Richard Hughes, gof wrth ei alwedigaeth, ond a oedd hefyd yn arbenigwr llysiau meddyginiaethol. Cyrchai pobl at Richard Hughes o bell ac agos pan fyddai rhyw anhwylder arnynt, ac mae'n debyg fod ganddo lysiau oedd yn llesol at y rhan fwyaf o anhwylderau cyffredin. Derbyniais yr hanesyn diddorol iawn yma oddi wrth y cyfaill Siôn Merfyn, a chredaf ei fod werth ei gynnwys:

Pum gini am ysgwyd pen

Gorweddai'r ferch ddwy ar hugain oed ar ei gwely angau yn Nylife. Cyfaddefodd Dr Edwards wrth y teulu nad oedd mwy y gallai ef ei wneud i geisio arbed ei bywyd. Cynghorwyd hwy i gael arbenigwr da y gwyddai amdano i ddod i fyny i gael ei farn, os y gallent fforddio talu iddo. Roedd yr arbenigwr yn byw yn Amwythig. Felly y bu.

Wedi archwiliad byr – roedd un byr yn ddigon – ysgydwodd yr arbenigwr ei ben, a thalwyd pum gini iddo.

Drannoeth, gofynnodd rhywun i'r teulu torcalonnus a oeddynt wedi gofyn i'r ffermwr, Richard Hughes, Pennant Uchaf ddod i'w gweld. Ymateb y teulu ydoedd: os oedd Dr Edwards, mab talentog fferm Rhydygwiail, Cemais, Dyffryn Dyfi, wedi methu, yn ogystal â'r arbenigwr o Sais o Amwythig a siglodd ei ben, pa obaith oedd i gwac fel

Richard Hughes ei hadfer?

Ond mewn sefyllfa drist o'r fath, mae rhywun yn barod i roi cynnig ar unrhywbeth. Am fisoedd, gwelwyd Richard Hughes, Pennant Uchaf, yn dringo ysgathredd Craig y Pennant bob dydd, i fyny ar hyd Llwybr Sgeirw* heibio i'r Ffrwd Fawr i Ddylife.

Yn raddol, daeth y ferch yn well. Wedi hanner blwyddyn roedd yn holliach. Dywedir mai anfodlon iawn oedd Richard Hughes i dderbyn tâl o chweugain (cyfwerth â hanner can ceiniog heddiw). Un yn derbyn pum gini am ysgwyd pen; un arall yn derbyn chweugain am hanner blwyddyn o wasanaeth ffyddlon. (*Llwybr Sgeirw - Tybir mai 'Llwybr y Ceirw' sy'n gywir.)

Y dydd o'r blaen, bûm wrth fedd Richard Hughes ym mynwent y Llan, Llanbryn-mair. Pwy na hoffai fyw'n ddigon haeddiannol i gael cofiant fel hyn ar garreg ei fedd?

Er serchus gof am Richard Hughes, Pennant Uchaf, Llanbryn-mair.
Bu farw Mai 9, 1906 yn 78 mlwydd oed.

Ar dywarchen las ei feddrod
Wylo'n hallt fyn hiraeth pur,
Meddyg gwerin orwedd yma,
Un fu byw i leddfu cur;

Âi yn foddlon heb ei dalu
At y teulu cyfyng trist;
Roedd gan dlawd y fro ddau feddyg,
Richard Hughes a Iesu Grist.

Cerdded wnâi Dafydd Hughes i bobman, hyd yn oed wrth fynd â defaid i'w gaeafu yn ardal Meifod a Phontrobert. Cerdded yno ac yn ôl. Un diwrnod, daeth perthynas iddo, Stanley Jones (Brynllys yr adeg honno), heibio ar ei foto-beic a chynnig lifft iddo. Doedd Dafydd erioed wedi bod ar foto-beic ac roedd braidd yn ofnus, ond o'r diwedd, ac yntau'n bur flinedig, cytunodd. Roedd Stanley, tra bu'n gweithio yn Coventry, wedi bod yn reidio moto-beics ar y *cinder tracks* ac yn dipyn o feiciwr. Yn fuan iawn ar ôl cychwyn, roedd Dafydd wedi dod i'r penderfyniad fod y diwedd wedi dod, ac yn addunedu'n dawel wrtho'i hun, *OS* y câi ei draed ar y ddaear unwaith yn rhagor, na welai neb mohono yn agos at y fath beiriant byth eto.

Dro arall, a Dafydd mewn sgwrs efo'i gymydog, aethant i sôn am 'ganu yn y Nefoedd' ac meddai Dafydd yn sobr, 'Os mai dim ond canu fydd yn y Nefoedd, waeth gen i fynd i'r lle arall yn syth!' Fel y soniais, roedd Dafydd yn adrodd pob hanesyn yn araf a gofalus, ac fe'i cofiaf yn sôn wrth fy rhieni ryw dro amdano wedi gweld sgyfarnog ar ei gwâl, ac meddai, 'Mi es i adre i moyn y gwn a dwy getrisen ynddo, ac es yn ôl yn dawel, ac roedd y sgyfarnog yn dal ar ei gwâl. Mi aneles yn ofalus, a "pwff", ond i ffwrdd â hi, ac yn wir, roedd hi'n mynd yn reit dda. Mi aneles wedyn a "pwff" eto, ond y Brenin Mawr, roedd hi'n mynd yn gynt o lawer wedyn!'

Cymeriad arall y cofiaf amdano o'm plentyndod yw Ifan Jones, Ceulan. Dyn mawr cryf, bochgoch; yntau'n hen lanc ac yn ffermio Ceulan efo'i frawd Richard. Roedd Richard yn briod ac yn magu'i deulu'n Y Felin, rhyw filltir i lawr y ffordd ym mhentre Pennant. Teulu ffyddlon i gapel y Pennant a buont yn gefn mawr i'r capel hyd ddyddiau'r rhai olaf o'r teulu, a Richard yn flaenor a chodwr canu.

Byddai Ifan yn eistedd ym mhen blaen y capel bob amser, efo gwên ar ei wyneb wrth wrando'n astud ar bob pregethwr, ac roedd ganddo rhyw arferiad o nodio'i ben ar y pregethwr fel pe bai'n cytuno â phob gair. Roedd ganddo hefyd yr arferiad o ddweud yr un peth lawer gwaith, fel, 'ie ie ie ie'. Peth arall oedd yn gwbl nodweddiadol o Ifan oedd nad oedd y gair 'chi' yn rhan o'i eirfa, felly 'ti' oedd pawb ganddo, nid o amharch at neb, yn hytrach, dyna'i ddull o siarad. Un tro, pan oedd y diweddar Barch. W.J. Thomas, gweinidog Capel Maengwyn, Machynlleth, yn pregethu yn y Pennant, aeth Ifan ato ar ôl y gwasanaeth ac ysgwyd ei law. Dywedodd wrtho'n gwbl ddiffuant, 'Da fachgen, da fachgen, da fachgen; mi bregethest ti'n reit dda heddiw, yn well na'r tro diwetha' oeddet ti yma!'

Roedd yn beth digon cyffredin i ffermwyr yr ardal fynd i dai ei gilydd fin nos i gymdeithasu ac ar un achlysur, roedd Ifan wedi mynd i Gilcwm am y noson. Erbyn y daeth yn amser i Ifan fynd adref, roedd yn dywyll fel y fagddu. Bron yr unig olau oedd ar gael yr adeg honno oedd golau lantern, ac fe'i defnyddid bob amser i fwydo'r anifeiliaid fore a nos yn ystod y gaeaf. Doedd gan Ifan ddim golau ac roedd *flash-lamp* yn beth go newydd yng Nghilcwm, ond fe gynigiwyd un i Ifan iddo allu gweld ei ffordd adref. Ar ôl iddynt gynnau'r golau a'i osod yn ei law, meddai yntau, 'Diolch yn fawr, diolch yn fawr, diolch yn fawr; mi ddo' i â hi'n ôl i chi 'fory'. Cyrhaeddodd Ifan adre'n ddiogel, ond pan oedd yn barod i ddiffodd y lamp, er chwythu a chwythu arni (fel diffodd lantern) roedd yn dal yn olau. Aeth Ifan â'r lamp yn ôl i Gilcwm drannoeth, yn ôl ei addewid, gan egluro ei fod wedi gwneud ei orau y noson cynt i'w diffodd, ac meddai'n reit galonnog, 'Ond erbyn y bore 'ma, roedd hi *yn* darfod!'

Clywais hanesyn arall am Ifan pan oedd merlen o'i eiddo wedi torri allan o'r caeau gan fynd i fyny i'r ffridd a doedd dim modd ei dal. Cafwyd rhai o'i gymdogion i'w gynorthwyo i'w dal ac ar ôl tipyn o redeg, fe gafwyd y ferlen i gornel. Ond erbyn hyn, roedd y ferlen wedi gwylltio ac yn barod i neidio dros unrhyw beth a'i rhwystrai. Fel oedd y dynion yn nesáu ati'n dawel, dyma hi'n ei chynnig hi i ffwrdd ar hyd gwaelod y ffridd. Llwyddodd i fynd heibio un neu ddau, ond pan ddaeth at Ifan, rhuthrodd yntau am ei chynffon a gollwng ei bwysau i gyd tuag yn ôl (a hwnnw'n bwysau go sylweddol) a phlannu ei ddwy sawdl yn y ddaear. Yn ôl yr hanes, agorodd sodlau Ifan ddwy gŵys yn y ddaear, ac meddai wrth basio un o'r lleill, 'Os dengith hi'r tro yma, mi fydd ei chynffon hi gen i!'

Cymeriad arall oedd â dywediadau gwreiddiol oedd Meirion Puw. Brodor o Lawr-y-glyn oedd Meirion, ond wedi iddo ddechrau gweithio efo Hywel ar yr injan ddyrnu y deuthum i i'w adnabod. Cyn hynny, roedd wedi bod yn gweithio ar ffermydd yr ardal, ac ar un cyfnod, yn gweithio i ffermwr o Sais. Mae'n debyg nad oedd gan hwnnw lawer o syniad faint o waith i'w ddisgwyl gan ei weithwyr. Roedd Meirion yn plygu gwrych ym mhen pellaf y fferm ac o'i 'nabod, roedd wedi gwneud diwrnod gonest o waith. Gofynnodd y meistr iddo pan gyrhaeddodd y buarth wedi iddi dywyllu, *'Have you finished with that hedge, Meirion?'* ac meddai Meirion wrtho'n dawel wrth ei basio, *'Yes, for tonight!'*

Dro arall, roedd Meirion yn symud yr injan ddyrnu yn ardal Dolfor. Roedd ychydig o eira wedi disgyn ac yn anffodus, llithrodd yr injan i ffos fach wrth ochr y ffordd. Tra oedd o'n ceisio'i orau i'w chael yn ôl i'r ffordd, daeth yr offeiriad heibio, ac mae'n amlwg eu bod yn adnabod ei gilydd, ac meddai'r offeiriad, *'Well, how did you manage to do this, Meirion?'* Atebodd yntau, gan gario ymlaen â'i waith, *'No trouble at all. Getting it from here is my problem!'*

Clywais am ddau gymydog oedd yn byw ym Machynlleth yn edrych dros wal y fynwent rhyw ben bore, ac meddai un, 'Wy'st ti be, mae'n llenwi yma.' 'Wel ydy,' meddai'r llall, 'Rhaid i ni beidio bod yn rhy hir, neu fydd yma ddim lle i ni!'

Cymeriad arall na fu erioed ei fath oedd Richard Jervis, Rhyd-y-meirch. Roedd yntau hefyd yn hen lanc ac yn byw gartref efo'i chwaer. Yn ystod ei brawf gyrru un tro, dyma'r arholwr yn gofyn ychydig gwestiynau iddo: *'What would you do if you were driving through Newtown and saw a friend on the pavement?' 'Nothing,'* meddai Richard. *'What do you mean, "nothing"?'* gofynnodd yr arholwr. Atebodd Richard, *'I haven't got any friends in Newtown!'*

Roedd Harri'r Durn (Y Durn oedd enw'i gartref) yn greadur cwbl unigryw hefyd. Prynodd Harri gar ail-law ond doedd ganddo'r un syniad sut i'w yrru, felly gofynnodd i Edwards o'r garej leol roi gwersi iddo a'i baratoi ar gyfer y prawf gyrru. Roeddent yn mynd i lawr am Fachynlleth, a Harri'n gyrru'n bur ofalus a phwyllog. Wrth ddod at gloc y dre, dyma droi i'r chwith heibio i Siop y Gornel a draw at y Plas i droi'n ôl. Wedi slafio tipyn efo'r troad trithro, cychwynnwyd yn ôl am y dre, a chyn cyrraedd y cloc, dywedodd Edwards wrtho mewn da bryd i roi arwydd ei fod am droi i'r dde. Dyma Harri'n ufuddhau a rhoi'r arwydd, a dechrau troi i'r dde, ond yn hytrach na chadw at ochr chwith y ffordd, dyma fo'n cadw at yr ochr dde heibio i du blaen Siop y Gornel. Roedd Edwards erbyn hyn wedi synhwyro beth oedd bwriad Harri a dyma fo'n gweiddi, 'Cadwch i'r chwith, Harri!' ac meddai Harri yn ôl wrtho'n ddigon sarrug, 'Y ffordd yma y daethom ni i lawr!'

Arferai Harri fynd i dreulio ambell noson yng nghwmni ei gymdogion, neu dri brawd a'r wraig oedd yn cadw tŷ iddynt. Doedd gan Harri fawr o sgwrs, dim ond eistedd yn y gornel ac ateb ambell i gwestiwn gan y tri brawd. Meddai un o'r brodyr a hithau'n dechrau hwyrhau, 'Wel, nos da i ti, Harri. Dwi'n mynd i'r gwely.' 'Nos da,' meddai Harri, gan ddal i eistedd yn hapus yn y gornel. Ymhen rhyw awr arall, dyma'r ail frawd yn dechrau aflonyddu cyn dweud, 'Wel, mae'n amser i mi fynd i'r gwely. Nos da i ti, Harri.' 'Nos da,' meddai Harri eto, a dim arwydd ei fod yn cymryd sylw o'r awgrym cynnil! Pasiodd awr arall, ac meddai'r olaf o'r brodyr, 'Wel Harri, ryden ni'n codi'n fore yma, dwi'n mynd i'r gwely; mi adawa i ti yma efo'r *housekeeper*.' Ac meddai Harri'n swta gan gydio yn ei gap, 'Dwi'n mynd adre', myn diawl!'

Cefais hanesyn difyr iawn gan Emrys Llangwm rai blynyddoedd yn ôl pan oeddem yn sôn am hen fugail ar y Berwyn yn casglu'i ddefaid. Pan edrychodd y bugail i fyny'r mynydd, gwelodd ddyn yn dod i lawr tuag ato – cerddwr – ac wrth iddo ddod yn nes, sylwodd y bugail fod map yn ei law, a bod ganddo wallt hir a throwsus byr. Ar ôl ei gyfarch, dyma'r cerddwr yn gofyn, *'Can you tell me, old man, where can I find a bit of civilization around here?'* ac meddai'r bugail wrtho gan blannu'i bastwn yn y ddaear, *'You're standing in the bloody middle of it!'*

Daeth ambell gymeriad i'r amlwg yn ystod cyfnod yr Ail Ryfel Byd hefyd. Un noson yn ardal Penfforddlas, roedd criw lleol o'r *Home Guard* allan ar fanwfrau, ac wedi cyrraedd pen bryn bach yn rhywle oddeutu Bwlchygle. Gofynnodd y rhingyll oedd yn gofalu am y platŵn am wirfoddolwyr i fynd â neges i ben bryn ar ochr arall i'r cwm. Doedd neb am wirfoddoli i fod yn *runner*, er gofyn a chymell am hir, ond yn y funud, dyma un o'r rhai hynaf yn y criw yn troi at y rhingyll ac yn dweud, 'Pe bai Jerry yn disgyn yn y cwm yma rŵan, mi fydde gen ti ddigon o *runners*!'

Clywais sôn am Islwyn, Esgair-maen, wedi mynd i ganu Calennig efo criw o blant hŷn, ac wedi mynd at John Francis, y Penrhyn, i ganu. Roedd pawb yn gwybod bod John yn eithaf garw efo'i arian ac ar ôl iddynt ganu, dyma'r hen John yn estyn ceiniog yr un i'r plant hynaf a dime i Islwyn. Islwyn yn edrych ar y ddime, ac yna ar John, ac meddai John wrtho, 'Os nag wyt ti eisiau hi, tyrd â hi'n ôl!'

Un bore, wrth i Wyn Jones y Goed-ddôl fynd i fyny i Dalbontdrain, gwelodd un o'i gymdogion yn cerdded ar y ffordd, ac yn naturiol, safodd i gynnig lifft iddo. 'Diolch yn fawr, Jones, mae pob tipyn yn help,' meddai hwnnw ac i mewn â fo i'r cerbyd at Wyn. Mae'r gŵr dan sylw wedi marw ers blynyddoedd bellach, ond mae'r cof yn fyw iawn amdano fel dyn y 'celwydd golau'. Gofynnodd yn y funud, 'Ydech chi'n mynd i fyny i'r mynydd heddiw, Jones?' 'Ydw,' atebodd Wyn. Meddai ei gyfaill, 'Gofalwch chi beidio yfed yr hen ddŵr mynydd yna, mae'n beth peryg iawn.' Ac meddai Wyn er mwyn ei dynnu allan, 'Mae hi'n ddiwrnod go boeth; mi gawn ni weld!' Meddai'r cyfaill, 'Mi ges i brofiad ofnadwy rai blynyddoedd yn ôl ar ôl yfed dŵr y mynydd. Ymhen rhai dyddiau roeddwn i'n sâl, a dyma fi'n dechre taflu i fyny, a wyddoch chi Jones, beth oedd yno? Penbyliaid, ie ddigon gwir i chi, ie miloedd ohonyn nhw! Mi fuodd yn wers i mi am byth i beidio yfed dŵr y mynydd!'

Pan oedd 'Nhad yn dyrnu yn ardal Aberhosan, roedd yno gymeriad o'r enw John, neu Johnnie Puw Rhoswydol, yn postio yn y boreau ac yn cynorthwyo ychydig ar rai o ffermydd yr ardal ar ôl diwedd ei rownd. Roedd Johnnie yn fardd gwlad go dda ac yn cystadlu mewn eisteddfodau. Ysgrifennodd englyn o'i waith ei hun ar du ôl yr injan ddyrnu a bu yno am flynyddoedd, ac os cofiaf yn iawn, fel hyn yr oedd o'n mynd (os nad yw wedi'i ysgrifennu'n gywir, nid ar Johnnie Puw mae'r bai; mae bron hanner canrif ers pan y'i gwelais):

Yn y llwch rwyf yn llechu - ni welaf
        Mae niwloedd o'm deutu;
 Yn ddall bost, yn dost a du,
 Yn y mwg, bron a mygu.

Un da am adrodd rhyw hanesyn oedd y diweddar Rich Jones, Tŷ-gwyn, Aberhosan, a chofiaf amdano'n sôn am rywun o'r ardal oedd bron bob amser yn dweud pethau o chwith, a rhai brawddegau tu ôl ymlaen. Rhyw dro, roedd y cyfaill wedi colli llwdwn blwydd â nod coch ar ei gefn a thro ym mlaen ei gyrn a'i gynffon, a rhywbeth tebyg i hyn ofynnodd o i un o'i gymdogion: 'Welsoch chi'r un nod coch bach â llwdwn blwydd ar ei gefn o; blaen ei geimion o'n gyrn, a blaen ei gam o'n gynffon?'

Clywais hefyd sôn am ffermwr o'r enw Mr Vaughan oedd wedi colli hwrdd. Gofynnodd i'w gymydog, 'Welsoch chi hwrdd â V ar ei gefn o?' 'Wel naddo,' atebodd y cymydog, 'a dweud y gwir, weles i erioed hwrdd digon cryf i'ch cario chi!'

Ni fyddai unrhyw gofnod o gymeriadau'r fro yn gyflawn heb gyfeirio at un teulu cwbl unigryw, sef Huw a Catherine a'u mam, Cwmffernol, Pennal. Teulu gonest a chroesawgar. Er bod cannoedd o ddefaid ar y fferm, roedd Huw a Catherine yn adnabod y rhan fwyaf ohonynt, a chryn lawer ohonynt wrth eu henwau. Roedd Catherine yn gofalu am yr ŵyn swci, a phob un â'i enw. Os oedd oen o'r enw Beti Wyn, yna pan ddoi honno ag oen ymhen rhai blynyddoedd, byddai honno'n Gwenno Beti Wyn. Roedd Catherine yn ddigon tebyg efo'r gwartheg duon hefyd; gallai olrhain achau rhai ohonynt yn ôl hyd at bump neu chwe chenhedlaeth, ac ymffrostiai yn gwbl onest i'w mam brynu bwced bach iddi pan oedd yn ddim ond tua naw neu ddeg oed, a'i dysgu i odro. Bu Catherine yn godro a gwneud 'menyn hyd ddiwedd ei hoes, tra parodd ei hiechyd.

Roedd rhywbeth arbennig ynghylch eu gwartheg duon. Gwartheg hawdd i'w trin; efallai am eu bod yn frid tawel a bod y buchod i gyd yn cael eu rhwymo ac o'r herwydd, bob amser yn ymateb i gyfeillgarwch Huw a Catherine tuag atynt. Roeddwn i rhywdro eisiau prynu heffer gyflo neu ddwy, a ffôniais Huw i ofyn beth oedd ganddo ar werth. Dywedodd Huw, 'Mae gen i amryw yma i chi ddewis ohonyn' nhw. Dowch chi a Mair draw i'w gweld.' I ffwrdd â ni i Gwmffernol, ac erbyn inni gyrraedd, roedd Huw wedi dethol tair heffer i mi gael dewis ohonynt, a'r tair yn gyflo.

Yng Nghwmffernol wrth gwrs, rhaid oedd mynd i'r tŷ i gael te. Roedd te Catherine mor unigryw â hi ei hun; bara cartref a menyn cartref, ond roedd te Cwmffernol yn fwy na hynny – roedd Catherine yn arbenigwraig ar wneud *lightcakes*. Weles i, na neb arall, erioed mo'u bath ac o roi menyn a jam cartref arnynt . . . wel, roedd yn rhaid eu profi i gredu pa mor dda oeddent. Mae Dai Llanilar yn dal i ddweud fod y rhaglen 'Cefn Gwlad' o Gwmffernol ymysg y goreuon, a gallaf yn hawdd ei gredu.

Ar ôl prynu'r tair heffer, a'r rheiny'n tyfu i fod yn anifeiliaid lwcus a dymunol, bûm yn prynu gwartheg oddi yno lawer gwaith wedyn, ac yn cael buwch onest bob tro. Ymhen peth amser, dyma Huw yn ffônio acw: 'Mae Catherine a fi awydd dod draw rhyw ddiwrnod am dro i weld y buchod.' Daeth y diwrnod penodedig, a chyrhaeddodd Huw a Catherine. Ar ôl te aethom allan i weld y buchod (roeddwn wedi eu cau yn y cae oddi ar y tŷ er mwyn hwylustod). Unwaith inni fynd trwy'r llidiart, dyma Catherine yn adnabod un o fuchod Cwmffernol ac yn galw arni wrth ei henw, ac yn ddigon siŵr, cododd y fuwch ei phen ac edrych i lawr yn syth i'n cyfeiriad ni. Dywed pwy fynno fod creadur yn ddireswm; rwyf yn berffaith sicr fod yr hen fuwch wedi adnabod llais Catherine, er ei bod acw ers rhai blynyddoedd.

Pan werthais yr Hendre a'r gwartheg, roedd Huw yn awyddus i brynu un fuwch yn ôl. Gwnaeth hyn a bu'n ffodus dros ben; daeth y fuwch ag efeilliaid *Charolais* iddo, ac fe'u gwerthodd yn Nolgellau am arian da. Roedd Huw yn dipyn o gasglwr hefyd ac roedd ganddo amryw o greiriau yno ar y fferm.

Mae enw Cwmffernol yn enw anghyffredin ac mae rhai yn dweud mai 'Cwmuffernol' oedd y ffurf gwreiddiol. Ond na, mae'n haws gen i gredu o lawer mai 'Cwm un-ffordd-yn-ôl' oedd y gwreiddiol, gan mai un ffordd sydd i fynd yno ac un ffordd yn ôl.

Bu Catherine farw rai blynyddoedd yn ôl yn dilyn afiechyd creulon. Bu'n rhaid i Huw yntau gael dau ben-glin newydd ac ymladdodd ddigon yn erbyn yr afiechyd a'i drawodd i ddod yn abl i yrru car unwaith eto.

Ond ar y 23ain o Orffennaf, 1998 bûm yn angladd Huw. Treuliodd y brawd a'r chwaer eu hoes gyda'i gilydd, a heno mae'r ddau yn gorwedd yn ymyl ei gilydd ym mynwent Pennal. Cof annwyl iawn sydd amdanynt.

Cyfnod hapus iawn oedd yr un pan oedd Bill ac Ann Evans yn byw yn nhŷ Ysgol Penffordddlas. Roedd Bill yn enedigol o sir Aberteifi ac Ann yn dod o'r Bala. Gweithiai Bill mewn banc yn Llanidloes ac roedd Ann yn brifathrawes yn Ysgol Penffordddlas. Mewn ychydig o amser cawsant y syniad o ffurfio cwmni Noson Lawen efo ychydig o gyfeillion lleol. Roedd Bill yn arwain y nosweithiau ac yn adrodd darnau digri ac roedd Ann yn berchen ar lais alto cyfoethog a hithau hefyd yn adrodd ambell ddarn. Gyda hwy roedd Edgar Rees yn goedwigwr a ofalai am fforest Hafren gerllaw. Hefyd yn un o'r cwmni roedd Dafydd Huw Jervis, neu 'Defi Huw'; ffermwr wedi ymddeol o'r Felin Newydd a ddaeth i fyw i Ddolgwyddil, tŷ ger pentre Penffordddlas. Roedd ganddo lais tenor swynol wrth ganu unawdau mawr fel 'Arafa Don'. Roeddwn innau'n canu Cerdd Dant ac ambell ddeuawd Cerdd Dant efo Ann, ac yna'n canu deuawdau efo Defi Huw – deuawdau megis 'Y Ddau Forwr', 'Y Ddau Wladgarwr' a 'Lle Treigla'r Caferi' a Mrs Gwyneth Jones Llysun yn cyfeilio inni. Cwmni bach cwbl wledig oeddem, yn canolbwyntio ar yr hen ffefrynnau. Buom yn teithio llawer am rai blynyddoedd i ardaloedd megis Nefyn yn yr hen sir Gaernarfon, a Dihewid yn yr hen sir Aberteifi, ac un tro cawsom wahoddiad i ddathlu Gŵyl Ddewi efo Cymdeithas

Gymraeg Coventry.

Os oedd un peth ar y ddaear a fwynhâi Defi Huw yn fwy na'i getyn, llond plât o ham oedd hwnnw, yn enwedig ham cartre. Un tro a ninnau wedi mynd dipyn o ffordd i gynnal Noson Lawen, daeth Defi Huw ataf cyn dechrau'r cyfarfod a dweud yn galonnog iawn, 'Cana d'ore heno 'rhen gog'. 'Pam, beth sydd?' meddwn. Roedd Defi Huw wedi cael cipolwg ar y gegin ac wedi gweld llond plât o ham i bawb ohonom ar ddiwedd y noson!

Dro arall heb fod yn hir ar ôl hynny, digwyddodd yr un peth eto. Roedd Defi Huw wedi edrych i mewn i'r gegin ac yn dweud yn reit swta, 'Does dim rhaid inni fod yn hir iawn yma heno, weles i fawr o ddim inni ar ôl y diwedd ond ychydig o frechdanau letys!' Ie cymeriad annwyl iawn oedd Defi Huw.

Mae gen i gof da amdanom yn cynnal noswaith yn yr Hen Neuadd ger Llanidloes hefyd. Roedd yn noson oer ac Edgar yn diodde ychydig o annwyd ac er mwyn ceisio'i orau i wneud ei ran roedd ganddo botel fach o 'foddion' *Johnie Walker* yn ei boced! Pan ddaeth yn amser i Edgar ganu'i unawd 'Y Berwyn' doedd dim llawer o'r 'moddion' ar ôl! Fe gychwynnodd yn hyderus a'i lais cyhyrog yn atsain drwy'r neuadd, a phan gyrhaeddodd y cwpled 'Gan Ferwyn caf gynfawredd, a'i graig fawr yn garreg fedd', roedd o'n ei morio hi, ond yn anffodus yn lle mynd yn ei flaen i'r cwpled nesa 'Ei stormydd . . . ' aeth Edgar yn ôl i'r cwpled oedd o newydd ei chanu 'Gan Ferwyn . . . ' ac yn wir, pan gyrhaeddodd 'Yn garreg fedd' (yr ail dro) mi aeth yn ei ôl eto i 'Gan Ferwyn' a Mrs Jones druan wrth y piano yn ceisio ei ddilyn! Roedd Defi Huw a finne mewn ystafell wrth ymyl y llwyfan ac yn sylweddoli fod yr hen Edgar mewn trwbl. Pan ddaeth at y geiriau, 'A'i graig fawr yn garreg fedd' (am y trydydd tro) dyma Defi Huw a finne'n gweiddi efo'n gilydd 'Ei stormydd . . . ' ac yn wir, cafodd Edgar afael ar y geirie iawn o hynny i'r diwedd. Er ei bod yn noswaith oer, pan ddaeth Edgar at Defi Huw a finne, roedd y chwys yn tasgu oddi ar ei dalcen!

Mae Mrs Jones ac Edgar a Defi Huw wedi ein gadael ers blynyddoedd ac mae Bill ac Ann a'u teulu erbyn hyn yn byw yn ardal Prestatyn.

Er bod llawer o flynyddoedd wedi mynd heibio ers y dyddiau dedwydd hynny, mae'r cof yn fyw iawn am gwmnïaeth hapus yr hen griw.

Crugnant

Rywbryd yn y chwedegau fe brynais beiriant palu. Roeddwn wedi arfer aredig a gweithio llawer o dir caeau a pheth mynydd-dir gan mai dyna oedd arferiad yr ardal wrth ailhadu. Aredig, weithiau efo aradr-un-gwys os byddai'r tir yn arw a heb ei aredig o'r blaen, yna ei weithio efo oged ddisgiau ac yna, ar ôl ei galchu, defnyddio og i wastatu'r wyneb. Cymerai'r gwaith gryn amser cyn y byddai'n barod i'w hadu, a meddyliais y buasai peiriant palu yn cwblhau'r gwaith lawer cynt ac yn gadael wyneb llawer mwy gwastad ar y tir.

Prynais y peiriant palu cyntaf – un bach trigain modfedd – yn ail-law, ynghyd â thractor *David Brown 950,* hefyd yn ail-law. Talais £280 am y ddau efo'i gilydd. Ar ôl tymor neu ddau, ac wedi gwneud tipyn o waith ac addewid am lawer rhagor, newidiais y *David Brown* am *Massey 165* ail-law, oedd dipyn cryfach. Newidiais y peiriant palu trigain modfedd am un newydd deg modfedd a thrigain.

Roedd y ddau yma yn gweithio'n dda efo'i gilydd. Bûm yn gweithio efo'r rhain am rai blynyddoedd, ond yna daeth tractorau gyriant pedair olwyn i'r ardal, oedd dipyn diogelach ar y llechweddau. Penderfynais newid y *165* am dractor *Zetor* newydd efo gyriant pedair olwyn, a phrynu peiriant palu pedwar ugain modfedd yn lle'r un deg modfedd a thrigain.

Arferai'r tir o fynydd Rhiwgan hyd at fynydd Trannon fod yn agored a heb yr un ffens yn agos iddo. Ond gyda threigl amser daeth i gael ei gau. Bellach, roedd gan bawb ei fynydd ei hun, wedi ei ffensio, ac amryw o'r ffermwyr wedi gwneud ffyrdd newydd o'r ffriddoedd i ben y mynyddoedd. Er mwyn gwella'r mynydd-dir, bwriadent glirio'r tir a'i ailhadu. Roedd y tractor a'r peiriant palu newydd gen i ar yr union adeg iawn.

Cau y tir oedd bwriad fy mrodyr yng nghyfraith, John a Maldwyn, y Wig, ac roeddynt yn awyddus i ddechrau. Finne'n awyddus iawn i gael y gwaith. Ers rhai blynyddoedd roedd bechgyn y Wig wedi prynu dwy fferm sydd yn ffinio â'r Wig, sef Esgair Goch a Gwernyffridd. Y tair fferm a'r tri mynydd yn ffinio â'i gilydd, felly dyma ddechrau ar fynydd y Wig, oddeutu hanner can cyfer yn ystod y flwyddyn gyntaf. Ar ôl gwneud ffordd, roedd lorïau yn gallu cario tua deg i ddeuddeg tunnell o galch i ben y mynydd, a'r chwalwr yn eu disgwyl. Da fod cyfnod cael calch mewn bagiau papur can pwys a'i chwalu efo rhawiau wedi diflannu, oherwydd fe gariwyd cannoedd o dunelli o galch a gwrteithiau i ben mynydd y Wig yn y flwyddyn gyntaf honno.

Dyna fu'r patrwm am y tair neu bedair blynedd nesaf; gweithio'r tir efo'r peiriant palu, gwrteithio ac ailhadu oddeutu ddeugain i hanner can cyfer bob blwyddyn. Ar wahân i weithio tir i fechgyn y Wig, rhoddwyd peiriant palu ar waith ar lawer i dir arall, oddi yma i ben mynydd Dyfngwm, a bu cryn lawer o ddefnydd arno yn y blynyddoedd wedi i mi brynu tir Crugnant hefyd.

Ers rhai blynyddoedd roeddwn wedi prynu deg cyfer o dir ar Ddylife, tir Bryneglwys, ac wedi ei ffensio a'i ailhadu. Roedd cael deg cyfer ychwanegol at yr Hendre yn help garw gan ei fod yn fy ngalluogi i gadw ychydig mwy o ddefaid. Ac yna, yn sydyn reit rhyw ben bore, daeth Dafydd Hughes, oedd yn ffermio Crugnant, dros y caeau ac i'r Hendre. Meddai wrthyf heb rhyw lawer o ragymadrodd, 'Ydech chi awydd prynu'r lle acw?' Ac meddwn innau ar ôl ystyried am funud, 'Wel diolch i chi am y cynnig; mi feddyliwn ni drosto. Erbyn pryd ydech chi eisie gwybod?' 'Bore 'fory!' atebodd.

Wel dyna ergyd, ac atebais ar ôl cael fy ngwynt, 'Mi roddaf wybod i chi erbyn y bore.' Trodd ar ei sawdl ac adre â fo. Roedd Mair wedi ei weld trwy'r ffenest ac meddai, 'Beth oedd Dafydd Hughes eisiau yma mor fore? Roedd o'n edrych braidd yn wyllt,' a rhoddais ei neges iddi. Roedd Dei wedi egluro ei fod am gadw'r tŷ a thua deuddeg cyfer o'r tir islaw'r ffordd, ond bod tua chan cyfer o dir uwchlaw'r ffordd (gan gynnwys y mynydd), a'i fod yn ei gynnig i ni am bris digon rhesymol.

Ar ôl cael rhyw bwyllgor bach go sydyn, dyma benderfynu ein bod am roi cynnig arni, ond yn gyntaf roedd yn rhaid mynd i lawr i Fachynlleth i'r banc i weld sut olwg oedd yno. Islwyn Pugh oedd y rheolwr ar y pryd, gŵr o Ddinas Mawddwy, a phan ddywedais fy stori wrtho, dyma a ddywedodd, 'Prynwch hi ar bob cyfri, mae'n werth ei phres heddiw, ac yn ôl pob golwg mi fydd yn rhad fel baw ymhen rhai blynyddoedd i chi,' ac fe brofodd ei broffwydoliaeth i fod yn wir bob gair.

Do, mi brynais Crugnant yn ddigon rhad, ond doedd y prynu'n ddim ond dechrau! Doedd yr un ffens yn gyfan yno bron, yr un llidiart yn hongian, a doedd y lle ddim wedi cael ei wrteithio ers blynyddoedd lawer. Roedd gwaith ofnadwy i'w wneud a dyna pryd y penderfynais roi'r gorau i gontractio cneifio; roedd gen i ddigon, a llawer mwy, ar fy mhlât heb fynd oddi cartref, a dyma gychwyn cynllunio.

Roedd hynny o wrychoedd oedd yno yn ddiwerth, a phenderfynwyd eu chwalu a gwneud chwe chae yn un, oddeutu un cyfer ar bymtheg. Roedd gan fy nghymdogion, Alfie a Trefor, darw dur *(bulldozer)*, a dyma gychwyn ar y gwaith. Erbyn clirio'r gwrychoedd roedd y lle yn edrych yn well yn barod. Wedyn mynd ati i godi ffens newydd heibio i ochr yr un cyfer ar bymtheg, fel bod gennym o leiaf un cae ar ei ben ei hun. Pan ddaeth dechrau'r haf, aethpwyd ati i aredig a gweithio'r cae; ei galchu, gwrteithio a hau hadau – efo tua hanner pwys o rêp i bob cyfer.

Gan fod yr hen dir wedi bod yn rhyw hanner diffrwyth am flynyddoedd, o'i wrteithio roedd yn barod i ddeffro, a chafwyd crop ardderchog o rêp a glaswellt yn y flwyddyn gyntaf – digon i besgi ŵyn Crugnant, yr Hendre a Bryneglwys yn hwylus. Felly dyna fu'r patrwm am rhyw bedair blynedd; y tarw dur i glirio, ffensio, aredig a gweithio'r tir a gwrteithio. Roedd yr hen le yn dechrau gwella'i olwg, efo'r rhan fwyaf o'r ffensio wedi'i wneud ac erbyn hynny y rhan fwyaf o'r llidiardau'n hongian hefyd.

Roedd rhyw fath o ysgubor ym mhen uchaf y fferm, heb fod ymhell o lidiart y mynydd. Roedd rhywfaint o do ar un darn o hyd, ond roedd y rhan fwyaf yn agored i'r sêr. Mae'n anodd trin defaid heb rhyw fath o adeilad a chan fod yr ysgubor wedi mynd i gyflwr rhy wael i'w hadnewyddu, penderfynwyd ei dymchwel, gwastatu'r safle a chodi adeilad newydd, ychydig mwy na'r un gwreiddiol. O ganlyniad i'r ailhadu am tua phedair blynedd, roedd yn ddigon naturiol fod nifer y defaid wedi cynyddu, ac roedd angen tipyn mwy o le i'w trin. Prennau croes oedd y pileri; yna coedio o biler i biler efo coed 4" x 3" a rhoi sinc gwrymiog ar y to a'r ochrau. Rhoddwyd drws ym mhob pen a gofalwyd fod digon o bersbecs yn y to i adael tipyn o olau i mewn. Yn wir, erbyn y diwedd, roedd gennym sied fach ddefnyddiol dros ben ac yn glyd ar bob tywydd.

Rwyf eisoes wedi sôn mai mynyddoedd agored sydd yr ochr honno i'r ardal – o Riwgan i Drannon – sef mynydd y Wig, Esgair Goch, Gwernyffridd, Cae Gilbert, Crugnant a Chwm Mawr. Wedi i'r cymdogion i gyd gytuno ar eu terfynau, dechreuwyd ffensio'r mynyddoedd a phawb yn gwneud ei ran. Ar ôl ffensio mynydd Crugnant ar wahân, roedd yn rhaid meddwl am ei wella. Tir mawnog oedd llawer ohono ond roedd rhai darnau sych, er nad oedd fawr ddim ond gwellt gwyllt yn tyfu yno. Y gwaith cyntaf oedd sychu cymaint â fedrwn o'r tir trwm. Fe wyddem am gontractiwr draenio oedd yn byw yn yr ardal, felly dechreuwyd tyrchu ffos agored, ddofn ar derfyn Crugnant a Chae Gilbert er mwyn dal y dŵr oedd ar yr wyneb ac a redai trwodd o Cae Gilbert. Yna gosod pibelli plastig o dan y ddaear i gario'r dŵr i ffos agored arall.

Erbyn dechrau'r haf canlynol roedd yr hen fynydd wedi newid ei gymeriad ac roedd modd mynd â thractor ar ei hyd bron ym mhob man. Roedd gobaith ailhadu'r rhan fwyaf ohono, ond roedd un broblem – doedd yr un ffordd yn mynd i'r mynydd. Roedd yn rhaid cael ffordd i'r lorïau calch a gwrtaith fynd i fyny, felly cafwyd contractwr i agor ffordd newydd, digon da i lorïau, o ben y mynydd i lawr at y sgubor newydd.

Dyma ddechrau meddwl o ddifri am ailhadu'r mynydd. Roedd yn ddarn braidd yn rhy fawr i feddwl ei hadu i gyd ar yr un tro, felly codwyd ffens ar draws ei hanner. Ddechrau'r haf dyma gychwyn ar hanner y mynydd efo'r peiriant palu. Roedd y tywydd yn braf a finne wrth fy modd efo'r gwaith. Roeddwn ar ben ucha'r mynydd ac yn edrych i lawr ar gwm Pennant oddi tanaf; newidiwn i mo'r gwaith na'r olygfa â neb yn y byd! Gwelais awyren yn gwibio'n isel i lawr cwm Pennant sawl tro, a minnau'n edrych i lawr arni.

Cafwyd llwyddiant ar yr ailhadu, ac yna dyma ddechrau meddwl am gychwyn ar yr hanner arall – trin y tir, calchu, gwrteithio a hau – ond ni chafwyd cystal lwc y tro hwnnw. Roedd haf 1976 yn boeth a sych, blwyddyn Eisteddfod y Llwch yn Aberteifi, ac er bod mawndir yn wlyb iawn ar dywydd gwlyb, ar haf sych a phoeth mae'n union fel lludw. Er bod darnau o'r mynydd wedi cydio'n iawn, roedd darnau mawr wedi llosgi a bu'n rhaid hau ambell ddarn dair gwaith! Job pur gostus. Roedd yn dda o beth ein bod wedi prynu Crugnant am bris rhesymol oherwydd erbyn gorffen gwario ar y mynydd, roedd costau ffensio, draenio, ailhadu a gosod y ffordd newydd yn fwy na phris prynu'r lle i gyd.

Y Llynnoedd

Rai blynyddoedd cyn gwerthu Crugnant, gosodais tua phedwar cyfer o dir gwlyb a charegog o'r neilltu. Y bwriad oedd cloddio tri llyn yno, gyda nant fechan ar y mynydd yn cyflenwi dŵr i'r llyn uchaf, wedyn byddai'r dŵr yn gorlifo drwy bibell i'r llyn nesaf, ac o hwnnw i'r llyn isaf. Codwyd ffens o'i amgylch oedd yn cynnwys bron i ddeuddeg bwndel o weiren moch, efo weiren bigog oddi tano i gadw llwynogod a moch daear draw, a dwy res o weiren bigog yr ochr uchaf iddo i sicrhau na fedrai'r un llwynog neidio drosto. Gosodwyd weiren cwningod y tu mewn i'r ffens i rwystro'r adar oeddwn i'n bwriadu eu cadw rhag dianc. Erbyn hyn mae gen i ffesantod, hwyaid gwyllt ac amryw o adar eraill yno ac rwyf yn mynd draw i'w bwydo bob bore.

Tua phum mlynedd yn ôl rhoddais gant o bysgod yn y tri llyn – hanner cant o frithyll bach brown a hanner cant o frithyll seithliw. Dyna bleser oedd mynd draw i dawelwch y llynnoedd â gwialen bysgota (er nad oeddwn wedi gafael mewn un cyn hynny) ambell fin nos, a theimlo'r wefr pan fyddai pysgodyn yn cydio. Wrth gwrs, i'r cyfarwydd, roedd dal y rhain bron mor hawdd â dal pysgodyn mewn bowlen! Cyn hir dechreuais sylwi ar ambell ddarn o bysgodyn ar y lan gan fethu'n lân â dyfalu beth oedd yn eu lladd. Roeddwn hefyd wedi colli ambell hwyaden, ac yn dechrau sylweddoli fod rhywbeth yn dod i mewn a'u lladd. Euthum i lawr i'r Drenewydd i ofyn cyngor cyfaill yno, ac awgrymodd fy mod yn gosod maglau i weld beth ddigwyddai (maglau cyfreithlon oeddynt; rhai i ddal anifail yn fyw heb eu niweidio).

Ymhen rhai dyddiau, daliais finc. Doeddwn i erioed wedi gweld un o'r blaen ac ar y dechrau meddyliais mai ffwlbart oedd o. Ond roedd cyfaill i mi yn sicr mai minc oedd o gan fod darn bach gwyn, bron hyd bys, ar ei frest. Ychydig ddyddiau'n ddiweddarach daliais ei bartner. Doedd neb wedi gweld na chlywed sôn am finc yn yr ardal yma o'r blaen, a gobeithio na welaf ragor ohonynt byth eto; maen nhw'n greaduriaid bach mileinig iawn a does dim byd ddaw i'w cwrdd yn ddiogel ar dir sych nac mewn dŵr.

Cerdd dant

Daeth y cyfle imi ymddiddori mewn canu penillion bron yn ddamweiniol, a hynny tua diwedd y pumdegau pan oedd y diweddar Barchedig John Price Wynne yn weinidog ar y Bont a'r Pennant. Bryd hynny roedd yn arferiad i gynnal rhyw fath o weithgareddau yn festri capel Pennant ar nosweithiau hir y gaeaf, ac mewn pwyllgor rhyw noson, dyma Price Wynne yn awgrymu ein bod yn gwahodd Ted Richards o Garno atom i gynnal dosbarthiadau canu penillion dan nawdd y W.E.A. Roedd ei awgrym yn syndod i ni gan nad oedd neb ohonom yn gwybod unrhyw beth am ganu penillion, ond am nad oedd gan neb ohonom syniad gwell, dyma dderbyn y cynnig. Heddiw, rwy'n barod iawn i gyfaddef fod penderfyniad y noson honno wedi arallgyfeirio fy mywyd yn llwyr.

Daeth yn amser inni gwrdd â Mr a Mrs Richards yn hen ysgol y Pennant ar gyfer rhyw ddwsin o wersi – un bob wythnos – a dyma gychwyn cael blas anghyffredin arni. Byddai Ted Richards yn sgrifennu ar y bwrdd du – y gainc i ddechrau, ac yna'n ffitio'r geiriau yn gelfydd i'w lle priodol o dan y gainc, ac yna'r gosodiad (neu'r gyfalaw fel y'i gelwir heddiw).

Gosodiadau syml i ddechrau ac yna symud ymlaen at farddoniaeth ar fesurau caeth, englynion, penillion cywydd a.y.y.b. Eglurid yn fanwl inni hefyd pam mae angen cainc un bar ar bymtheg i osod pennill chwe llinell o gywydd, a bod cainc deuddeg bar yn well ar gyfer englyn, er mwyn arbed gormod o guriadau cyn taro i mewn.

Daeth y gyfres i ben a phawb yn gytûn y byddem yn gwahodd Mr a Mrs Richards yn ôl atom y gaeaf canlynol.

Daeth y gaeaf ac ailgydiwyd yn y gwaith gyda brwdfrydedd mawr. Wrth osod darn cynghanedd yn ystod yr ail dymor, dyma'r athro yn egluro'r angen i osod y cynganeddion yn eu priod le. Hefyd eglurodd y gwahaniaeth wrth ganu croesacen a bod yn rhaid dewis cainc â thri churiad yn y bar; ninnau'n sgrifennu'r cyfan i lawr yn ein llyfrau bach ein hunain. Yna byddai Mrs Richards yn chwarae'r alawon ar y piano a ninnau'n morio canu. Yn wir, erbyn diwedd yr ail dymor roedd amryw ohonom yn medru rhyw lun o ganu'r gosodiadau ar yr olwg gyntaf.

Wrth gael paned ar ddiwedd un o'r gwersi cyn diwedd cwrs yr ail flwyddyn, roeddwn yn digwydd bod yn eistedd wrth ochr Ted Richards, a dyma fo'n troi ataf ac yn gofyn, 'Fuoch chi erioed yn meddwl cystadlu ar ganu penillion?' Finne'n ateb yn gwbl onest nad oeddwn erioed wedi meddwl am y fath beth. 'Wel meddyliwch am y peth; dwi'n meddwl y gallech chi neud ac mi helpa i chi ore galla' i,' meddai. Roeddwn yn mynd adref y noson honno â'm pen yn y cymylau gan feddwl, 'tybed alla' i?'

Penderfynais roi cynnig arni, a dweud hynny wrth yr athro yr wythnos ganlynol. Roedd Ted Richards yn wên o glust i glust o glywed y newyddion ac meddai, 'Mae digon o eisteddfodau i chi gystadlu ynddyn nhw. Chwiliwch chi am steddfod cyn bo hir, cyn i chi newid eich meddwl, ac mi ofala' i am ddarn i chi.'

Gwelais yn y *Cambrian News* fod Eisteddfod Flynyddol Tal-y-bont i'w chynnal ar y 24ain o Hydref, 1958 a phenderfynais gystadlu yno. Ffôniais Ted Richards i ddweud y newyddion ac atebodd yntau, 'Dowch lawr heno; mae gen i ddarn yn barod i chi!' Dyma fi'n mynd i lawr i Glan-yr-afon am y tro cyntaf; bûm yno gannoedd o weithiau wedi hynny. Y geiriau a osodwyd gan Ted oedd 'Yr Hen Fro', geiriau tlws a heb fod yn rhy anodd. Euthum i Garno sawl tro wedyn cyn yr eisteddfod, ac o'r diwedd dyma'r diwrnod mawr yn cyrraedd. Roeddwn wedi penderfynu mynd yn ddigon pell oddi cartref i gystadlu y tro cyntaf yn y gobaith na fyddai neb yn fy adnabod, rhag ofn i bethau fynd yn ffradach! Roedd Tal-y-bont, sir Aberteifi yn bell iawn o flaen cwm Pennant yr adeg honno.

Cyrhaeddodd Mair a finne Dal-y-bont gan fynd i mewn i'r neuadd drwy'r cefn. Roedd Neuadd Goffa Tal-y-bont yn orlawn a dyma ddechrau meddwl o ddifri, 'Beth ar y ddaear ydw i wedi'i neud?' Rhaid oedd wynebu'r gynulleidfa enfawr, a finne erioed wedi wynebu dim byd mwy na chynulleidfa cyfarfod bach cystadleuol lleol cyn hynny, ond roedd hi'n rhy hwyr i droi'n ôl erbyn hynny. Mae'n rhaid imi gyfaddef, tra oeddwn yn aros am y gystadleuaeth canu penillion, er mai noswaith oer yn niwedd mis Hydref oedd hi, roeddwn i'n chwysu fel ceffyl ynghanol cynhaeaf gwair! Fe ddaeth y gystadleuaeth gyda phedwar ohonom yn cystadlu, ac er mawr syndod, ar ôl dechrau canu, doedd y profiad ddim yn un mor arswydus ag yr ofnais.

Aeth y pedwar ohonom drwy'r darnau'n ddidramgwydd, a dyna ryddhad oedd cerdded i lawr o'r llwyfan y noson fawr honno. Miss Catherine Evans o Ryd-y-main oedd y beirniad; doeddwn i erioed wedi clywed sôn amdani o'r blaen. (Mrs Catherine Watkin ydy hi erbyn hyn, ar ôl priodi â'r Parchedig John Watkin, ac erbyn heddiw rydym ein dau wedi dod yn gyfeillion da.) Cafwyd ychydig o sylwadau cyffredinol am y pedwar ohonom, ac yn wir i chi, doedd pethe ddim yn swnio'n ddrwg o gwbl. Ond daeth y sioc fwyaf ar ddiwedd y feirniadaeth; y fi oedd i gael y cwpan! Er nad oedd y cwpan yn un mawr, yr oedd fel crochan i mi y noson honno, a dyna ddechrau ar y cystadlu o ddifri.

Roeddwn yn ymwybodol iawn fy mod dan anfantais mawr ar y dechrau. Er bod y rhan fwyaf o'r cystadleuwyr yr adeg honno dipyn yn ieuengach na fi, roedd ganddynt flynyddoedd o brofiad, a does dim byd sy'n fwy gwerthfawr na phrofiad wrth lwyfannu. Pan oeddwn yn cystadlu yn Nhal-y-bont, roeddwn wedi cael fy mhen-blwydd yn un ar ddeg ar hugain oed ers tri mis ac yn cystadlu am y tro cyntaf, ond doedd dim amdani ond ceisio gwneud y gorau o'r gwaethaf.

Ymhen mis, ar y 19eg o Dachwedd, 1958, roedd eisteddfod yng Nghapel Tyngraig, Ystrad Meurig. Y tro yma, Mr Andrew Williams, y bonheddwr byr ei olwg o Abertawe oedd y beirniad. Yn wir, roedd mor fyr ei olwg pan oedd yn darllen y feirniadaeth roedd ei lyfr nodiadau bron â chyffwrdd ei drwyn! Serch hynny, roedd Mr Williams yn fonheddwr go iawn ac rwy'n siŵr na chafodd neb gam bwriadol ganddo erioed.

Erbyn hyn roedd Mr Richards yn fy nghynghori i ganu dau ddarn cyferbyniol, sef 'Yr Hen Fro' eto ac 'Alwen Hoff' fel ail ddarn. Wedi holi'r ffordd, cyrhaeddais Gapel Tyngraig, ac am ryw reswm, doeddwn i ddim agos mor bryderus y tro yma wrth ganu'r ddau ddarn mewn awyrgylch gartrefol capel, ac ennill! Roedd gwobrau anghyffredin i'w cael mewn llawer o eisteddfodau sir Aberteifi yr adeg honno, a'r wobr a gefais am unawd canu penillion oedd yr hyn a alwent yn *Fruit Spoons in a Case*; maen nhw gen i o hyd!

Wedi gweld sut roedd eisteddfodau sir Aberteifi yn gweithio, sylwais fod yno hefyd gystadleuaeth 'Canu Emyn dan 50 oed', a meddyliais, gan fy mod yno'n barod, beth am roi cynnig arni. Roeddwn wedi dewis y dôn 'Edom', oedd yn dipyn o ffefryn gennyf, ac Emyn 633: 'Dilynaf fy Mugail trwy f'oes' ac er bod deuddeg ohonom yn cystadlu, i mi y dyfarnwyd y cwpan.

Wedyn, ar y 5ed o Ragfyr 1958, roedd Eisteddfod Flynyddol Llangwyryfon, a Joan Osborne Thomas yn beirniadu. Canais ddetholiad o 'Awdl y Glowr', Tilsley ar y gainc 'Clychau'r Cantre' ac enillais y cwpan eto. Ar y ffordd adre, aeth Mair a finne ati i wneud ein syms; roeddwn wedi cystadlu mewn tair eisteddfod o fewn chwe wythnos ac wedi ennill tri chwpan a'r *fruit spoons* – ddim yn ddrwg o gwbl!

Er nad oedd y cwpanau yn talu am y petrol i fynd o le i le, roeddwn yn teimlo rhyw wefr bob tro o'u derbyn. Erbyn i Eisteddfod Tyngraig gyrraedd eto y flwyddyn ganlynol, roeddwn wedi cystadlu mewn dros ugain o eisteddfodau o Landdewibrefi i Arthog, ac erbyn hyn, roeddwn wedi dysgu gwers werthfawr iawn – nad oedd neb yn mynd i ennill bob tro! Ennill a cholli fu hanes y flwyddyn, ac ennill rhagor o gwpanau, ynghyd â hanner set o lestri te yn Llanbadarn a *Case of Pastry Forks* yn Ysbyty Ystwyth ar y 7fed o Awst, 1959.

Roeddwn yn teimlo 'mod i'n dal i fwrw prentisiaeth, sydd yn fy nhyb i yn hanfodol bwysig wrth edrych tua'r dyfodol. Gwers bwysig iawn i unrhyw un ei chofio yw fod yn rhaid cropian cyn cerdded. Ymlaen i Eisteddfod Tyngraig; Tecwyn Ellis yn beirniadu. Canais ddau ddarn: detholiad o 'Ogof Arthur' ac 'Afallon', ac enillais *fruit spoons* eto! Canu emyn ar y dôn 'Jabez' ac ennill cwpan.

Am y tair blynedd ganlynol bûm yn cystadlu'n gyson mewn dros hanner cant o eisteddfodau; daliwn i ennill a cholli, a llwyddais i wneud llawer iawn o gyfeillion wrth ddilyn eisteddfodau o Bumsaint, Llandysul a Thalgarreg i Lanfair Caereinion, Y Foel (yn yr hen neuadd) ac Abergynolwyn yng nghanol yr eira. Yn Eisteddfod Llanbryn-mair, 1962, y diweddar Barchedig Meic Parry oedd yn beirniadu, a finnau'n canu 'Y Fedwen' yn groesacen. Enillais a chael beirniadaeth flodeuog iawn ganddo.

Fore trannoeth, roedd Ted Richards yn yr oedfa yng Nghapel Creigfryn, Carno, ac ar ôl dod allan, dechreuodd holi hwn a'r llall am Eisteddfod Llanbryn-mair. Clywodd fy mod i wedi cael tipyn o glod gan y beirniad. Ar ôl cinio, dyma'r ffôn yn canu: 'Helo, fi sy' yma'. Doedd dim angen iddo ddweud pwy; roeddwn yn adnabod ei lais.

'Dowch chi a Mair lawr heno.'

'Iawn, be sy' 'mlaen?'

'Eisteddfod Powys.'

'Pryd?'

'Dydd Sadwrn nesa.'

'Ydw i'n gwybod y darn?'

'Nag ydych, ond fyddwch chi ddim yn hir yn ei ddysgu.'

'Beth am anfon fy enw i mewn?'

'Gadewch y cyfan i mi. Dwi'n adnabod yr ysgrifennydd!'

Mae'n dda 'mod i'n eistedd i lawr pan welais y darn. Chwe phennill chwe llinell o gywydd! Hyn ar y nos Sul ac Eisteddfod Powys yng Nghroesoswallt y dydd Sadwrn canlynol, a hynny yn nechrau mis Mehefin, cyfnod prysur iawn i mi ar y tir yr adeg honno, ac meddai, 'Dowch lawr nos Fercher; dwi'n gobeithio y byddwch yn ei wybod erbyn hynny!' Roedd un peth o 'mhlaid, roedd mesur cywydd yn un o'm ffefrynnau a dyma ddechrau o ddifri – roedd yn rhaid imi.

Yn nhŷ Ted Richards ar y nos Fercher, gallwn ganu'r darn yn burion (efo'r copi) ac meddai, 'Reit dda, reit dda. Dowch lawr eto nos Wener a gadewch eich copi gartre.' Lawr i Garno ar y nos Wener ac ar ôl rhai camau gwag y tro cynta', llwyddais yn y diwedd i fynd trwy'r chwe phennill heb stop. Fore trannoeth, dyma gychwyn am Groesoswallt. Roedd criw da ohonom yn y rhagbrawf. Y diweddar Prydderch Williams, Penmon, oedd yn beirniadu, a dewisodd dri ohonom fynd ar y llwyfan. Fedra' i yn fy myw gofio pwy oedd y ddau arall, ond enillais y wobr gyntaf o £4-4-0.

Rwy'n meddwl mai ym mis Mehefin 1962 y cynhaliwyd yr Eisteddfod Dyffryn Conwy y cyfeiriaf ati. Roedd i'w chynnal ar ddydd Sadwrn, mewn pabell yn Llanrwst. Roeddem yng nghanol y tymor cneifio, ond roeddwn am fynd i'r eisteddfod hon, a hynny am y tro cyntaf. Serch hynny, roedd gen i broblem; roeddwn wedi addo cneifio mewn tair o ffermydd heb fod yn fawr ar yr un diwrnod!

Roedd y bechgyn oedd efo fi'n cneifio y diwrnod hwnnw yn gwybod fod Llanrwst yn fy mol i, a chwarae teg iddynt, roeddent yn gwneud eu gorau i geisio gorffen mewn pryd i mi gael mynd i'r eisteddfod. Er nad oedd nifer y defaid yn fawr yn yr un o'r tair fferm, roeddem yn gorfod gosod y peiriannau a'u tynnu i lawr, pacio a symud rhwng pob lle, a hynny wrth gwrs yn cymryd amser. Roeddwn wedi dweud wrth Mair cyn cychwyn yn y bore, pe bawn i'n cyrraedd gartre mewn pryd, y byddem yn mynd i Lanrwst. Felly, ar ôl gorffen cneifio yn y lle olaf, adre â mi ar ras, llowcio pryd o fwyd a'i chychwyn hi am Ddyffryn Conwy. Mae cneifio yn waith digon blinedig ar y gorau, ond pan fo rhywun yn gwthio ychydig cyflymach na'r arfer, mae'n flinedig iawn erbyn diwedd y dydd, ac felly yr oedd hi y diwrnod hwnnw. Ar ben hynny, roedd yn rhaid teithio i Lanrwst gan wybod ein bod ni ychydig ar ei hôl hi.

Cafwyd hyd i'r man lle'r oedd y rhagbrawf i'w gynnal a pharcio, ond wrth fynd tua'r adeilad, dyna lle'r oedd y cystadleuwyr i gyd yn dod allan i'n cyfarfod, a phedwar ar ddeg wedi canu. Dywedodd rhywun fod y rhagbrawf wedi gorffen. Fodd bynnag, euthum i mewn i wneud yn siŵr, ac roedd Eirian Huws, y delynores, wrthi'n gosod y gorchudd dros ei thelyn. Pan welodd hi fi, dyma hi'n gofyn, 'Oeddech chi'n bwriadu canu, Elwyn?' Atebais fy mod i. Yr eiliad nesaf, roedd Eirian wedi rasio heibio i mi drwy'r drws ac allan i'r ffordd, ac fe'i gwelwn yn rhedeg i lawr y stryd (wyddwn i ddim i ble). Ond ymhen ychydig, dyma hi'n ei hôl a'r beirniad efo hi (Tom Jones, dwi'n meddwl).

Ymddiheurais, gan egluro pam oeddwn yn hwyr, ac meddai'r beirniad, 'Rwy'n fodlon iawn gwrando arnoch chi, pan fyddwch chi'n barod'. Mae'n bosib iawn fy mod yn ffodus fod Tom Jones yn dod o gefndir amaethyddol, ac yn deall problemau ffermwyr! Fe genais ddau ddarn, ac erbyn hyn roedd gan y beirniad hefyd broblem gan ei fod eisoes wedi dewis tri i'w rhoi ar y llwyfan. Dim ond tri oedd i fod, ond cafodd y beirniad berswâd ar y pwyllgor i ganiatáu i bedwar ohonom gael ymddangos.

Glenys Griffiths, yr Wyddgrug, enillodd; Ann Pierce Roberts, Ysbyty Ifan bryd hynny (Ann, Hendre Cennin heddiw) yn ail; finne'n drydydd, ac yn cael gwobr o 10/6 ($52^1/_2$c heddiw). Ni arhosom fawr ddim yn yr eisteddfod ar ôl cael y feirniadaeth; roeddwn wedi cael diwrnod go hir fel ag yr oedd hi. Ar ôl cyrraedd Betws-y-coed a chychwyn am Fwlch y Crimea, cawn drafferth i aros yn effro a chymerodd Mair y llyw o'r fan honno adre. Weles i fawr ddim o'r ffordd wedi hynny, ond fe gyrhaeddom yn ddiogel ac yn ddigon balch mai dydd Sul oedd hi drannoeth. Os ydy Eirian y delynores yn dal oddeutu, ac yn digwydd darllen hyn o lith, 'Diolch Eirian!'

Ar ôl mentro i Eisteddfod Powys, y cam nesaf oedd cystadlu yn y Genedlaethol yn Llanelli ar y 9fed o Awst, 1962. Y beirniaid oedd Tecwyn Ellis ac Alwyn Samuel. Roeddwn i ganu dau ddarn: detholiad o 'Awdl y Galilead' a 'Llanfihangel Bachellaeth' gyda thri ohonom ar y llwyfan. Deuthum yn drydydd. Yna, ym mis Mehefin 1963, i Eisteddfod Llanfachreth â mi, ar ôl bod mewn pymtheg eisteddfod ers un Llanelli. Ennill a cholli eto, gyda Valerie Jones (Ellis wedi hynny) yn beirniadu. Roedd wyth ohonom ar y llwyfan (doedd dim rhagbrawf) a phunt oedd y wobr. Glenys Griffiths (Lightfoot ar ôl priodi ag Alun) enillodd y bunt. Trwy lwc, roedd chweugain (50c heddiw) yn cael ei roi fel ail wobr, a rhannwyd hwnnw rhwng Dan Puw, y Parc, a fi. Aeth Dan a finne adre'n hapus ein byd, wedi ennill pum swllt (25c) yr un!

Tua blwyddyn wedi hyn, ar yr 2il o Fai, 1964, ac ugain o eisteddfodau'n ddiweddarach, cafwyd noson gofiadwy yn Nhalgarreg. Llinos Thomas oedd yn beirniadu. Canais yr emyn-dôn agored i ddechrau; y tro hwn roedd y pwyllgor wedi dewis y dôn 'Glanhafren'. Canodd pawb ond fi Emyn 632 'Daeth ffrydiau melys iawn' o'r Caniedydd; roeddwn i wedi dewis Emyn 501 o lyfr y Methodistiaid ar yr un dôn, 'Dy garu Di o Dduw'. Daeth y feirniadaeth, a daeth y cwpan; dyma ddau o'm cyd-gystadleuwyr at y llwyfan a phrotestio nad oeddwn wedi canu'n iawn! Wel, gollyngais y cwpan yn ôl i law yr arweinydd, a dyma gynnal pwyllgor brys. Mi es i y tu ôl i'r piano i ddisgwyl i'r storm ostegu, a Ted Morgan y cyfeilydd yn sibrwd 'Be sy'n bod, fachgen?' 'Mi ganes i eirie gwahanol i bawb arall,' meddwn i, ac meddai Ted, 'Dydy hynny ddim gwahaniaeth, dim ond y dôn sy'n cael ei nodi yn y rhaglen.'

Penderfyniad y pwyllgor brys oedd mai fi oedd pia'r cwpan. Daeth y ddau brotestiwr at y llwyfan â thipyn o wynt ar ôl yn eu hwyliau, ond ar ôl dyfarniad y pwyllgor brys, fe aethant yn ôl â'u pennau i lawr, fel dau gi bach wedi cael cweir. I rwbio halen ar y briw, mi enillais wedyn ar yr alaw werin a'r canu penillion! Dyna'r unig dro erioed i mi gael tri chwpan ar yr un noson. Ond i orffen ar nodyn hapusach, buom ein tri yn cystadlu llawer iawn dros y blynyddoedd a ddilynodd, ac fe ddaethom yn ffrindie da. Mae'r ddau wedi marw ers blynyddoedd bellach.

Daeth Eisteddfod Powys Llansilyn, ar y 6ed o Fai, 1964 a Derwyn

Roberts oedd yn beirniadu. Cefais ail ar yr unawd, ac yna rhoi cynnig ar y ddeuawd efo John Huw o Garno gan ganu 'Bywyd y Bugail'. Daethom yn ail, a merched Carno – Gwenfron a Mai – yn ennill; dwy ddeuawd o'r un stabl! Ymlaen i ddechrau mis Mehefin 1965, ac wedi bod mewn tua ugain o eisteddfodau ers y profiad doniol hwnnw yn Nhalgarreg, i eisteddfod yr arian mawr ym Mhontrhydfendigaid. Eluned Ellis Jones oedd yn beirniadu, a chriw da o bobman yn y rhagbrawf (yr arian yn eu denu mae'n debyg) a thri ohonom ar y llwyfan, gyda'r wobr o ugain punt i mi! (Cyflog pythefnos yr adeg honno, mae'n siŵr.) Daeth Gwenfron yn ail, a chael pymtheg punt, a Dorothy o Bont-rhyd-y-fen yn ennill y drydedd wobr o ddecpunt.

Roedd yr Eisteddfod Genedlaethol yn y Drenewydd ym mis Awst 1965 ac er fy mod wedi dysgu dau ddarn newydd, ni chefais ymddangos ar y llwyfan. Dysgais ddau ddarn newydd eto ar gyfer yr Ŵyl Gerdd Dant yn Nolgellau ar y 4ydd o Ragfyr 1965. Roedd pedwar beirniad yno: Elinor Pierce, Dewi Jones, Aled Lloyd Davies a Gwyndaf, ac enillais y wobr gyntaf o £2-2-0, Tlws yr Ŵyl a Chwpan Coffa Dewi Mai o Feirion (i'w ddal am flwyddyn).

Cychwynnais 1966 yn Abergynolwyn, gan fynd i Arthog ymhen yr wythnos ac anghofio'r pennill olaf! Bûm hefyd yn: Dinas Mawddwy 9/4/66; Penrhyn-coch 16/4/66; Llanbryn-mair 7/5/66; Cwrtnewydd 14/5/66; Pontrhydfendigaid 30/5/66 – £17-10-0 y tro yma, ac yna'r Eisteddfod Genedlaethol yn Aberafan ym mis Awst 1966.

Roeddwn wedi dechrau dysgu'r ddau ddarn newydd, sef 'Yr Ysbryd Sanctaidd' ac englynion 'Y Gaeaf', ond ychydig wythnosau cyn yr eisteddfod mi dorrais fy nghoes ac i lawr i Aberystwyth â fi i gael plastar. Cefais blastar o flaen fy nhroed i fyny dros fy mhen-glin. Fedrwn i ddim gyrru car, a dyma hi'n ta-ta ar Aberafan! Ond fel y daw lwc o anlwc, dyma Maldwyn y Wig (fy mrawd yng nghyfraith) yn dweud, 'Os wyt ti am gystadlu, mi af i â ti i'r steddfod. Mae Ceinwen a fi yn mynd, ac yn bwriadu aros efo perthnasau ym Mhont-rhyd-y-fen'. Un caredig iawn oedd Maldwyn, sydd wedi ein gadael bellach.

A dyna ddatrys y broblem. Pan ddaeth yr amser, i lawr â ni ein pedwar i Aberafan ben bore i'r rhagbrawf. Roedd dau feirniad, hwythau wedi ein gadael ers blynyddoedd bellach: Mrs L. M. Tegryn Davies (mam Alun Tegryn) a Mr William Lloyd, Cyffordd Llandudno. Fi oedd yn canu gyntaf yn y rhagbrawf, gan bwyso ar dair coes – fy nghoes dda fy hun a dwy goes y ffyn baglau! Ar ôl canu, roeddwn i'n reit falch 'mod i wedi canu'n gyntaf; gallwn ymlacio wedyn a mwynhau gwrando ar y lleill i gyd. Fe fuom yno am rai oriau cyn i bawb ganu, ac yna, aeth pawb ohonom am y bwrdd hysbysu i weld pwy oedd i fod ar y llwyfan fore trannoeth.

Er mawr syndod imi, roedd fy enw i yno, ynghyd ag enw Rosanne Lloyd o Langybi a Goronwy (nas cofiaf ei gyfenw) o'r Barri. Ar ôl dod dros y sioc, roedd yn rhaid chwilio am le i aros dros nos, a dyma Maldwyn yn dweud 'Dowch efo ni i Bont-rhyd-y-fen; mae'n siŵr fod yno un gwely sbâr'. I ffwrdd â ni, cyrraedd, a chael croeso anghyffredin gan Emyr a Win Lloyd. Fore trannoeth, ar ôl brecwast 'pum seren', i lawr â ni am Aberafan. Roedd y gystadleuaeth canu penillion yn un o rai cynta'r dydd. Y Parchedig Huw Jones oedd yr arweinydd a Gwenllian Dwyryd oedd y delynores. Gwenllian, yn y blynyddoedd hynny, oedd brenhines y delyn yng Nghymru ac roeddwn i bob amser yn hapus iawn os byddai hi'n cyfeilio. Ar ôl i'r tri ohonom ganu, ni fu'n rhaid aros yn hir am y dyfarniad; roeddwn i wedi ennill! Pennawd mawr y *Western Mail* fore trannoeth oedd *'Farmer Sings on Crutches and Wins'*.

Daliais ati i gystadlu gan ddal i gael yr un profiad; ennill a cholli droeon. Dyma'r Genedlaethol eto, y tro yma yn y Bala yn 1967. Ymddangosodd tri ohonom ar y llwyfan; Meinir Lloyd (Hughes Griffiths erbyn hyn) oedd yr orau, ac yn bur siŵr o ennill, ond fe anghofiodd Meinir ei geiriau yn y pennill olaf, ac felly Emlyn (nas cofiaf ei gyfenw) o sir Gaernarfon enillodd, a finne'n ail. Mae Emlyn a finne'n dal i gwrdd yn yr eisteddfod bron bob blwyddyn.

Dilynwyd yr un patrwm eto ar hyd y flwyddyn; ennill a cholli hyd eisteddfod fawr Caerwys yn 1968. Roedd hon yn eisteddfod go arbennig gan ei bod yn dathlu pedwar can mlwyddiant Eisteddfod y Beirdd a gynhaliwyd yng Nghaerwys yn 1568. Roedd y BBC yn cynnig 'Telyn Arian Caerwys', model tua naw modfedd o uchder mewn arian pur, yn wobr ar yr unawd cerdd dant agored. Gan fod hon yn wobr gwbl unigryw, roedd yn rhaid mynd ati o ddifri. Roedd yno dri beirniad: Dafydd Roberts, Tom Jones a Haf Morris. Tri ohonom oedd ar y llwyfan hefyd: rwy'n meddwl mai Robin James Jones, Dolwyddelan, oedd un a Billy Puw, Llidiardau, oedd y llall. I'n tŷ ni y daeth y delyn arian, ac rwy'n ei thrysori'n fawr. Mae'n rhyfedd sut mae amgylchiadau'n newid; rai blynyddoedd yn ôl roeddwn yn beirniadu mewn rhyw gyfarfod bach cystadleuol yn Ninas Mawddwy, ac er mwyn cael cystadleuaeth, pwy oedd yn cystadlu ar y canu penillion ond Dafydd, a fi'n beirniadu! Ond un fel yna ydy Dafydd; bonheddwr gwylaidd.

Yn ddiweddarach yn 1968, roedd yr Ŵyl Gerdd Dant yn Llanfyllin, ac yno enillais gwpan Dewi Mai eto, Tlws yr Ŵyl a £3-3-0 o arian. Ym mis Ebrill 1969 roedd yr Ŵyl Gerdd Dant yn Rhosllannerchrugog ac erbyn hyn roedd Shôn Dwyryd, Dafydd Edwards a finne wedi dod yn dipyn o gyfeillion, a dyma rywun yn awgrymu ein bod yn cystadlu ar gystadleuaeth y triawd yn Rhos. Gan fod bron i gan milltir rhwng Shôn yn Rhuthun a Dafydd ym Methania, y lle naturiol inni gwrdd er mwyn ymarfer oedd acw yn yr Hendre, oddeutu hanner ffordd.

Waeth faint bynnag a ddysgom, cawsom lawer iawn o hwyl wrth geisio dysgu'r darn triawd. Cofiaf yn iawn am Shôn un noswaith yn cerdded i mewn i'r Hendre yn gwisgo clamp o wig, a hwnnw'n un melyn! (Dim byd ond tipyn o hwyl.) Ein ffugenw ddiwrnod yr ŵyl oedd 'Cymry ar Wasgar' gan ein bod yn byw mor wasgaredig. A dyma ddyfarniad y beirniad (Trefor Edwards, dwi'n meddwl) am driawd 'Cymry ar Wasgar': 'Dwi'n ofni mai tipyn ar wasgar oedden nhw hefyd!' Da iawn Trefor, clec haeddiannol iawn! Ond i wella tipyn ar y diwrnod, cefais yr ail wobr ar yr unawd agored – £2, ac ennill ar y canu a gosod ar y pryd – £3.

Ymhen y mis, roedd Eisteddfod Pontrhydfendigaid, ac enillais y wobr gyntaf o £20. Catherine Watkin oedd yn beirniadu, bron un mlynedd ar ddeg ers i mi gael fy nghwpan cyntaf ganddi yn Nhal-y-bont. Yna fe euthum i Ŵyl Gerdd Dant Cricieth, Tachwedd 1969, gydag Alun Tegryn Davies a Gwyndaf yn beirniadu. Cefais ail ar yr unawd agored – £2-2-0, a rhannu'r wobr gyntaf ar y canu a gosod ar y pryd, sef £2-2-0.

Roedd yr Eisteddfod Genedlaethol yn Rhydaman yn Awst 1970, gyda Gwyndaf a Geraint Edwards yn beirniadu. Cefais chwe phunt am osod a chanu ar y pryd.

Daliais ati i gystadlu'n gyson hyd at fy eisteddfod olaf – y Genedlaethol yn Rhuthun. Penderfynais gystadlu ar y gosod a chanu ar y pryd. Cefais y wobr gyntaf – £6 a gwobr goffa Llew Dwyryd. Penderfynais mai digon yw digon, a rhoi'r gorau i gystadlu. Roeddwn bellach yn dair a deugain oed ond nid oeddwn yn barod i ollwng fy ngafael yn llwyr; yn wir roeddwn yn teimlo'r angen i roi rhywfaint yn ôl i gerdd dant, gan fy mod wedi cael cymaint o foddhad dros y blynyddoedd.

Hyfforddi rhai o ieuenctid yr ardal

Pan ddôi Eisteddfodau'r Urdd i'r ardal, ychydig iawn o gystadlu oedd yn yr adran cerdd dant; digonedd o ganu ac adrodd, ond nemor ddim canu penillion. Awgrymodd un neu ddwy o famau'r fro, tybed a fuaswn yn fodlon helpu rhai o'r plant i gystadlu ar gerdd dant? Roeddwn yn ddigon parod i wneud yr hyn a allwn, ac o hynny ymlaen, lledaenodd y chwilen cerdd dant fel y frech goch; roedd pawb wedi'i dal!

Bûm wrthi am flynyddoedd adeg yr Urdd, yn gosod a hyfforddi, a chyn hir roedd yn rhaid i Mair gadw cyfrif o bwy oedd yn dod acw a pha bryd! Y drefn oedd rhoi rhyw hanner awr i bob un, ond pan fyddai chwech neu saith yn dod ar yr un noson, byddwn wrthi am dair neu bedair awr, a hynny'n aml ar adeg wyna. Nid yw'n bosib imi enwi pawb yma, ond aeth rhai yn eu blaenau ar ôl pasio oed yr Urdd. Mae rhai o'r rhain yn athrawon eu hunain erbyn hyn, a hwythau bellach yn gosod a hyfforddi cenhedlaeth newydd, ac wrth reswm, mae hyn yn fy mhlesio'n fawr.

Rwyf am enwi Delyth a Nia, y Wig; Catrin a Sara, Maesllwyni; Elen, Blodwen, Anwen ac Edward, Esgairmaen a'r annwyl ddiweddar Lynda Harding. Roedd y rhain i gyd yn sêr bach ar lwyfannau, ac aeth rhai ohonynt ymlaen i ennill yn y Genedlaethol. Roedd Delyth yn cystadlu llawer ers ei bod yn ifanc iawn, ac roedd yn un o'r rheiny oedd bob amser yn rhoi o'i gorau ar lwyfan, a byth yn anghofio! Roedd Nia yn debyg iddi, yn gerddorol iawn ac wedi mynd ymlaen i arbenigo ar y piano a'r delyn.

Catrin, Maesllwyni (a ddaeth i enwogrwydd fel Gina ar 'Pobol y Cwm') yw un o'r rhai anwylaf, ond yn bur sensitif. Rhaid oedd bod yn dyner iawn efo Catrin a byddai bob amser yn dweud wrth gychwyn adre, 'Diolch yn fawr iawn ofnadwy'. Mae Sara, ei chwaer, yn alluog iawn hefyd, â llais arbennig yn y rhestr isaf. Roedd yn rhaid gofalu bob amser i osgoi nodau rhy uchel wrth sgrifennu gosodiad iddi hi. Aeth y ddwy ymlaen i gymryd prif rannau yn sioeau Cwmni Theatr Maldwyn.

Wrth gyfeirio at deulu Esgairmaen, fe gychwynnaf efo Elen. Fe'i cofiaf yn dod gyda'i mam i gychwyn canu cerdd dant am y tro cyntaf erioed, gan obeithio cystadlu dan wyth yn Eisteddfod yr Urdd. Y darn gosod oedd 'Byd yr Aderyn Bach' ac mi gymerodd Elen at gerdd dant mor naturiol â hwyaden at ddŵr. Roedd yn ymdrechu i wneud yr hyn a ofynnwn iddi bob amser, a phan ddaeth yn Eisteddfod Cylch, daeth Elen yn gyntaf. Roedd Elen wedi prifio modfedd dros nos!

Ymlaen i'r Eisteddfod Sir ac Elen yn gyntaf eto. Wedyn roedd rhaid rhoi sglein ar y manylion bach pwysig hynny gan ei bod yn mynd ymlaen i Eisteddfod Genedlaethol yr Urdd, rhywle yn y de. Roedd yn rhaid i'r ddau ohonom chwilio am rywbeth i'w wella yma ac acw, fel gofalu anadlu'n iawn er mwyn bod yn siŵr o allu cario'r brawddegau, geirio'n glir, ac ambell bwyslais trwm ac ysgafn. Roeddwn yn pwysleisio, yn anad dim, y pwysigrwydd iddi gario'r ddwy linell olaf heb anadlu ar eu hanner:

Pa eisiau dim hapusach
Na byd yr aderyn bach.

Ar noson yr ymarfer olaf cyn yr eisteddfod fawr, meddai Elen, 'Yncl Elwyn, os caf i lwyfan, ydech chi'n meddwl y caf fod ar y teledu?' Roedd y dillad newydd a'r posibilrwydd o fod ar y teledu bron mor bwysig â'r canu! O, roedd hi mor bropor! Daeth y diwrnod mawr; cafodd Elen y llwyfan, ac enillodd. Dyna strôc, ennill yn Eisteddfod Genedlaethol yr Urdd y tro cyntaf iddi gystadlu.

Wedyn cychwynnodd Blodwen ac Anwen, ac Edward yn ddiweddarach, a phrin y bu erioed dri a ymdrechai'n galetach i wneud yr hyn y gofynnwn i iddynt. Buont yn cystadlu am flynyddoedd ac erbyn hyn, mae Elen wedi ennill ei lle bron bob blwyddyn ar lwyfan y Genedlaethol, ac wedi ennill sawl gwobr gyntaf mewn gwahanol gystadlaethau.

Canu Cylch

Cefais wahoddiad gan Gwyndaf (y cyn Gofiadur ac Archdderwydd) i gymryd rhan mewn cystadleuaeth canu cylch yn Eisteddfod Genedlaethol Aberteifi, 1976. Dyna oedd yr hen ffordd wreiddiol o ganu penillion, cyn i unrhyw un gychwyn ysgrifennu eu gosodiadau. Crefft y beirdd oedd canu penillion yn wreiddiol a doedd y nodau ddim agos mor bwysig â'r geiriau; y dull oedd i'r cystadleuwyr sefyll yn un rhes (mewn tafarndai y cynhelid cystadlaethau canu penillion yn aml iawn) a gofynnai'r beirniad i'r telynor daro cainc, unrhyw gainc ar unrhyw fesur a phatrwm o ddewis y beirniad.

Ar ôl i'r telynor chwarae, byddai'r cyntaf yn y rhes yn taro i mewn, a phe bai'r gainc ar batrwm 'Codiad yr Ehedydd', roedd yn addas i fesur englyn; os oedd y cyntaf yn y rhes wedi taro englyn, roedd rhaid i'r lleill i gyd ddilyn efo englyn. Ar ôl cyrraedd pen y rhes, ac os oedd pawb wedi llwyddo i gofio englyn (gwahanol wrth gwrs), yna byddai'r un a ganodd gyntaf yn symud i ben pellaf y rhes ac yn canu'n olaf; dyna oedd y patrwm.

Y tro nesaf, byddai'r beirniad yn gofyn i'r telynor am gainc arall, a phe bai'n gainc fel 'Llwyn Onn', roedd hon yn addas i groesacen a byddai'r cyntaf i ganu yn chwilio'i gof am bennill un sill ar ddeg, sy'n ffitio'n gwbl naturiol ar fesur croesacen. Pe na bai rhywun o'r rhes yn cofio pennill oedd yn ffitio, neu'n taro i mewn yn y lle anghywir, byddai'n cael ei ddiarddel o'r gystadleuaeth, ac yn cerdded i lawr; yr enillydd, wrth gwrs, oedd yr un olaf ar y llwyfan.

Ond roedd gan y datgeiniaid broblem arall; roedd yn rhaid iddynt adnabod y gainc, a hynny ar fyrder, er mwyn dewis pa hyd o bennill i'w ganu. Gan fod nodau cyntaf sawl cainc mor debyg; yn wir mae o leiaf tair cainc yn dechrau efo'r un pedwar nodyn / d':s.,f / m, sef 'Y Ferch o'r Sger', 'Bardd yn ei Awen' a 'Codiad yr Ehedydd' ond bod y tair yn wahanol eu patrymau gosod. Roedd yn hanfodol bwysig, felly, i gystadleuwyr canu cylch fod â pheth wmbreth o farddoniaeth ar eu cof, a hynny yn cynnwys cymaint o wahanol fesurau â phosibl. Pwrpas yr ychydig ragymadrodd hwn yw i'r darllenydd gael crebwyll o'r problemau sy'n wynebu cystadleuwyr canu cylch!

Roedd Gwyndaf wedi gwahodd tua saith neu wyth i'r ornest, ond dim ond tri ohonom fu'n ddigon dewr (neu ffôl) i ddod i'r gystadleuaeth; Elinor Pierce, Shôn Dwyryd a finne, ac i'r llwyfan â ni. Elinor ddechreodd, dwi'n meddwl, ac fe darodd fesur digon cyfarwydd; Shôn yn dilyn yn ddigon diogel, a finne'n dilyn. Dim problem (hyd yma). Symudodd Elinor i ben arall y rhes; finne erbyn hyn yn y canol a dyma Shôn yn ei tharo hi. Mesur cywydd os cofiaf yn iawn; dim problem, roedd mesur cywydd yn ffefryn gennyf, ac aethom ein tri trwy'r ail rownd.

Yna symudodd Shôn i'r pen, a finne'n dechrau'r rownd nesaf. Roedd y gainc yn adnabyddus, a dewisais fesur hir-a-thoddaid, a phawb yn dilyn. Roedd pethau'n mynd yn dda, yn rhy dda; roedd yn anorfod y byddai problem cyn hir ac fe ddaeth. Gofynnodd Gwyndaf i'r delynores am gainc tri churiad yn y bar, a dyma Elinor yn cychwyn gyda mesur croesacen a Shôn yn dilyn yn ddiogel. Y geiriau croesacen oeddwn i wedi'u hymarfer oedd 'Colomen y Gelli'; roeddwn wedi'u canu lawer gwaith o'r blaen ac yn eu gwybod yn iawn (neu dyna feddyliwn i) a phan ddaeth fy nhro, llwyddais i daro i mewn yn iawn: 'Mae acen y golomen a mwynder ei chân' gan ei morio hi er mwyn ceisio ennill ffafr y beirniad, ond peth peryg ydy gormod o hyder, ac fe faglais ar y geiriau.

Yn hytrach na sefyll a mynd i lawr, cadwais ymlaen efo la-la-la-la am rhyw far neu ddau, a daeth y geiriau yn ôl i mi (ond yn rhy hwyr wrth gwrs). Gorffennais y pennill mewn steil efo'r geiriau (os cofiaf yn iawn): 'Daw'r acen i'm dilyn bob modfedd o'r daith.' Anghofia' i byth gymeradwyaeth y gynulleidfa; roeddent hwy wrth gwrs yn eistedd yn gysurus ac yn mwynhau'r sefyllfa yn braf. Cerddais i lawr ac aeth Elinor a Shôn ymlaen am gylch neu ddau wedyn, ond roedd dyddiau'r hen Shôn yntau wedi'u rhifo. Cychwynnodd Elinor eto, a Shôn yn dilyn, ond fe adawodd Shôn hi un curiad yn rhy hwyr cyn taro i mewn ac felly roedd un curiad ganddo ar ôl y delyn yn diwedd; golygodd hyn, wrth gwrs, fod Elinor yn ennill, ac yn haeddiannol iawn hefyd.

Tro arall cyffelyb, oedd yr un pan dderbyniodd tri ohonom wahoddiad gan y Gymdeithas Gerdd Dant, pan oedd y Gymdeithas yn dathlu ei hanner can mlwyddiant ym Mhafiliwn Corwen; Shôn eto, Emrys Llangwm a finne. Y tro yma, roeddem yn gorfod gwisgo'n debyg i gyfnod y canu cylch; esgidiau cryfion, trowsus rib, crys gwlanen a chrafat coch! Rwy'n meddwl mai Robin James Jones a'r delyn deires oedd yn cyfeilio, ond y tro yma roedd mwy o hwyl i'w gael nag mewn cystadleuaeth go iawn. Dilynwyd yr un patrwm eto, ac ar ôl i Shôn a fi fynd yn hesb o unrhyw syniadau, roedd 'rhen Emrys yn dal i'w morio hi, ac wrth gwrs, fo enillodd.

Arholiadau'r Orsedd

Roedd gen i ddiddordeb ers rhai blynyddoedd yn yr Eisteddfod Genedlaethol a'r Orsedd, ac yn rhyw feddwl sefyll arholiad datgeinydd, er mwyn cael dod yn aelod o'r Orsedd. Felly yn 1968 (rwy'n meddwl) anfonais am faes llafur yr Orsedd, ac o'i astudio, deallais fod yr arholiad cyntaf (y wisg werdd) yn ddwy ran, sef arholiad ysgrifenedig tua theirawr o hyd (a hynny dan oruchwyliaeth aelod o'r Orsedd) rywbryd tua mis Ebrill neu fis Mai ac yna, os byddwn yn llwyddiannus yn y rhan honno, byddai cyfle wedyn i gwblhau'r ail ran, sef yr arholiad llafar.

Gan imi lwyddo yn yr arholiad ysgrifenedig, daeth cyfle i fynd ymlaen. Cynhaliwyd yr arholiad llafar yn ystod wythnos yr Eisteddfod; yr arholwyr oedd Gwyndaf a'r delynores Elinor Bennett. Prawf ymarferol oedd hwn, sef canu ar y pryd, unrhyw eiriau – boed englyn, hir-a-thoddaid, emyn neu unrhyw fesur arall o ddewis Gwyndaf – a hynny ar unrhyw gainc o'i ddewis. Fe lwyddais, a chefais fy nerbyn yn aelod o'r Orsedd yn Eisteddfod Genedlaethol y Fflint, 1969.

Ymhen rhai blynyddoedd, meddyliais, 'Beth am sefyll yr arholiad terfynol am y wisg las?' Roedd hi'n dipyn caletach y tro yma, ond ei mentro hi wnes i. Yr arholwr y tro yma oedd Aled Lloyd Davies a'r delynores oedd Alwena Roberts. Cynhaliwyd yr arholiad yn Ysgol Maes Garmon, yr Wyddgrug. Ynghyd â chanu rhai mesurau anghyffredin fel tri thriawd a.y.y.b., roedd yr arholwr yn gofyn cwestiynau, er enghraifft: beth oedd y gwahaniaeth rhwng cainc fel 'Bardd yn ei Awen' a'r rhan fwyaf o geinciau cyffredin? Trwy lwc, roeddwn yn gwybod fod 'Bardd yn ei Awen' yn wahanol am nad yw'r ddau 'ben' yr un hyd; h.y., fod mwy o fariau yn y rhan gyntaf na'r rhan olaf.

Fe lwyddais yn yr arholiad a hynny, yng ngeiriau Aled Lloyd Davies, 'gydag anrhydedd'! Roeddwn yn falch iawn o fod wedi pasio'r flwyddyn honno gan fod Buddug, fy chwaer, hefyd wedi sefyll arholiad yr Orsedd (Llenyddiaeth) yr un flwyddyn, ac wedi llwyddo, a chawsom ein dau ein derbyn i urdd y wisg las ar yr un bore yn Eisteddfod Cricieth yn 1975.

Ym mis Mehefin 1998 derbyniais lythyr caredig iawn oddi wrth Jâms Nicolas, Cofiadur Gorsedd y Beirdd, yn fy ngwahodd i dderbyn anrhydedd urdd Derwydd (gwisg wen) yn Eisteddfod Genedlaethol Bro Ogwr ym mis Awst. Wrth gwrs, rwy'n teimlo'n falch eithriadol o fod wedi derbyn yr anrhydedd hon.

Ambell daith bleserus

Roeddwn wedi clywed ers blynyddoedd fod ffordd fynydd yn mynd bob cam heibio Hyddgen ac allan am Nant-y-moch. Ar ôl gwneud ychydig o ymholiadau, cefais ar ddeall fod y ffordd yn mynd trwodd, ond mai trac dros y mynydd ydoedd am ran helaeth ohoni. Roedd gen i *Toyota Hi-Lux 4x4* ar y pryd, a thipyn o gliriad oddi tani, felly dyma benderfynu mynd rhyw brynhawn Sul pan nad oedd oedfa yn y capel.

Pan soniais am fy mwriad wrth Haydn, fy mrawd yng nghyfraith, roedd yntau mor awyddus â finne i weld darn o Gymru nad oeddem wedi ei weld o'r blaen. Soniais hefyd wrth John y Wig (roedd ganddo fo Land Rover) oherwydd roeddwn wedi clywed sôn am gerbydau yn mynd yn sownd yn y fawnog, a thrwy fynd â dau gerbyd â gyriant pedair olwyn (a rhaff) teimlwn y byddem yn ddigon diogel.

Cychwynnwyd oddi yma ar ôl cinio cynnar, dros Ddylife a chyrraedd y troad am Bugeilyn. Penderfynwyd mynd yno, felly i ffwrdd â ni heibio i lyn Glaslyn ac ymlaen at Bugeilyn, lle'r oeddwn wedi bod yn cneifio lawer gwaith. Mae Bugeilyn yn lle anghysbell ofnadwy, ac ymhell o bob man. Ar ôl gweld yr hen le unwaith eto, trowyd yn ôl, ond cyn cyrraedd ffordd Dylife, troi i'r dde am fferm o'r enw Nant Ddu lle'r oeddwn hefyd wedi bod yn cneifio. Mae Nant Ddu ynghanol gweithfeydd plwm Dylife ac mae ychydig o'r olion yn dal i fod yno. Gallwch weld lle'r oedd y rhod ddŵr wedi bod yn gweithio'r peiriannau, ynghyd ag olion y cronfeydd dŵr uwchlaw'r tŷ.

Yna cychwynasom yn ôl am yr arwyddbost ger y ffordd o Ddylife i Fachynlleth, a dilyn y ffordd i lawr y Grafie, heibio i droad Bacheiddon a Phenyglog, a throad am Aberhosan ac i lawr i'r Bont-faen, neu Forge fel y'i gelwir. Wedyn gadael y briffordd yno ac anelu am riw serth i fyny at Dalbontdrain ac ymlaen hyd nes ein bod gyferbyn â Hengwmgyfeiliog lle bûm yn cneifio flynyddoedd cyn hynny. Arhoswyd yno am ychydig i fwynhau'r olygfa hyfryd a thawel, ac i gael paned o fflasg ac ychydig o frechdanau, cyn cychwyn i fyny i fwlch Hyddgen.

Ar ôl cyrraedd pen y bwlch roedd y ffordd yn dechrau dirywio nes nad oedd fawr mwy na ffordd goedwig, ond dyna ichi olygfa; roedd gwastatir o'n blaenau a'r ffordd yn nadreddu trwy ganol y mynydd. Roedd Carn Hyddgen i'r chwith i ni a thŷ ac adeiladau Hyddgen i ffwrdd tua'r dde. (Cofiaf hanesyn am rywun oedd wedi cymryd contract ffensio rhywle yn yr ardal honno, ac yn gorfod crogi ei fag bwyd wrth nenfwd y gegin, neu byddai llygod mawr wedi bwyta'r cwbl.)

Aethom ymlaen trwy ychydig o lidiardau ac i fynydd Lluest Newydd, a gweld mynydd Llechwermor ar y dde. Cyn cyrraedd pen draw mynydd

Lluest Newydd, roeddem yn gorfod gadael hynny o ffordd oedd yno a chadw ychydig allan i'r mynydd, am fod darn meddal ar y ffordd. Wedyn roedd afon i'w chroesi. Roedd y dŵr yn weddol isel ac ni chafwyd trafferth i'w chroesi, er bod rhaid bod yn bur ofalus gan fod ambell garreg go fawr yng nghanol gwely'r afon.

Roedd llidiart yr ochr arall i'r afon a'r ffordd yn troi tua'r chwith i fyny at Hengwmannedd, a oedd allan o'n golwg ni. Cyn hir, gwellodd y ffordd, wrth inni nesáu at argae llyn Nant-y-moch, heibio Lle'r Neuaddau ac i lawr i bentre Ponterwyd. Sylweddolom fod ein ffordd fynydd ar ben, a dim ond ffordd dar-mac ddiflas adre bob cam. Roedd rhai oriau cyn iddi nosi felly awgrymais pe baem ond yn mynd ymlaen ychydig i Bontarfynach, y gallem fynd i fyny Cwm Ystwyth ac allan i Raeadr Gwy, ac felly y bu. Ar ôl mynd i fyny i ben uchaf y cwm, roedd ffordd yn troi ar y dde allan i flaen Cwm Elan, i ben ucha'r llyn pellaf, ac roedd golygfeydd anhygoel i'w cael yno ar fin nos braf ddiwedd haf. I lawr â ni i Raeadr Gwy a chael pryd da o bysgodyn a sglodion cyn cychwyn am adre. Does gen i byth awydd mynd i dre o unrhyw faint; i mi, mae rhywbeth cyfareddol i'w deimlo o ben mynydd.

Roeddwn wedi meddwl ers peth amser y buaswn yn hoffi mynd ar y trên bach stêm o Aberystwyth i Bontarfynach, felly rhyw ddiwrnod braf yn yr haf aeth Haydn a fi i Landre i alw am Bill a Buddug, ac oddi yno i orsaf y lein fach yn Aberystwyth. Unwaith inni gael hyd i le yn un o'r cerbydau, cychwynnwyd yn hamddenol braf trwy Lanbadarn Fawr a phob man cyfarwydd yn ddieithr o gyfeiriad gwahanol. Wrth i'r trên deithio i fyny Cwm Rheidol, arafodd a chwibanu lawer gwaith, ac yn y diwedd, stopio. Edrychodd pawb ohonom allan i weld pam oeddem wedi aros yn y fan honno, a beth oedd ar ganol y trac ond ceiliog ffesant. Arhosodd gyrrwr y trên nes i'r aderyn fynd linc-di-lonc am y clawdd a dechrau pigo'n hamddenol, yn gwbl ddi-sylw o'r trên a'i stêm a'i sŵn i gyd.

Aeth y stemar fach yn ei blaen gan ddringo'n araf ond yn sicr i fyny Cwm Rheidol, trwy lawer o goed fforest wedi'u plannu a llawer iawn o goed gwyllt. Yn ein hwynebu o ochr arall y cwm gwelem olion cloddio am fwynau, a'r hen greithiau yn ein hatgoffa o gyfnod caled y mwynwyr. Daliwyd i ddringo'r rhan fwyaf o'r ffordd i orsaf fach Pontarfynach, lle'r aeth pawb allan ac i wahanol gyfeiriadau. Aeth rhai i weld y bont a elwir yn 'Bont y Gŵr Drwg' sydd â thraddodiad rhyfedd iddi, ond aethom ni'n pedwar i'r gwesty i gael pryd o fwyd ac i ymlacio. Ymhen rhyw awr, dychwelom i'r orsaf a theithio i lawr yn ôl yn hamddenol i Aberystwyth, wedi mwynhau'r diwrnod yn fawr.

Dro arall, roedd ar Mair awydd mynd i Borthmadog am y diwrnod.

Cychwynnwyd yn y bore, a'r tywydd yn edrych yn ddigon ffafriol, ond erbyn cyrraedd Trawsfynydd roedd hi'n arllwys y glaw ac roeddwn wedi penderfynu nad oeddwn am gerdded strydoedd Porthmadog yn y glaw. Rhaid i mi bellach fod yn bur ofalus ar ôl i'r cricymalau gael gafael arnaf, a gofalu fy mod yn cadw'n sych a chynnes, ac roeddwn yn barod iawn i eistedd yn y car a gadael i Mair fynd o gwmpas y dre.

Parciwyd y car gyferbyn â'r orsaf, a chofiais fod trên bach yma yn rhywle yn mynd am Flaenau Ffestiniog, felly cyn inni wahanu, aethom i edrych pa bryd oedd y trên nesaf yn gadael. Roedd y stemar fach yn cychwyn am y Blaenau ymhen ugain munud. I'r dim! Cawsom gwpanaid yn yr orsaf ac yna, pawb i'w ffordd ei hun. Cychwynnodd y trên bach yn hamddenol ar ei ffordd ac roedd digon o amser i bawb fwynhau'r golygfeydd o aber afon Dwyryd, ac ychydig yn nes ymlaen, heibio i orsaf Tan-y-bwlch a Llyn Mair.

Flynyddoedd yn ôl, roedd y lein fach yn brysur iawn yn cario llechi o Flaenau Ffestiniog i lawr i borthladd Porthmadog, ond heddiw cario ymwelwyr yw ei phrif waith. Wrth adeiladu'r rheilffordd, mae'n amlwg fod y peirianwyr wedi wynebu problem, oherwydd ychydig cyn cyrraedd Blaenau, mae'r tir yn codi'n bur sydyn. Yn hytrach na mynd yn syth i fyny (a fyddai wedi bod yn rhy serth), llwyddwyd i ddatrys y broblem trwy fynd â'r cledrau yn gylch crwn, gan ddringo'n raddol nes dod yn ôl drostynt eu hunain ac yn eu blaenau i'r cyfeiriad gwreiddiol, ac yna yn weddol wastad hyd at orsaf Blaenau Ffestiniog.

Roedd y trên yn aros am ychydig yn Blaenau; digon o amser os oedd unrhyw un yn dewis mynd allan am dro, cyn cychwyn yn ôl i lawr am Borthmadog – taith o tua awr bob ffordd. Erbyn inni gwrdd ar ddiwedd y dydd, roeddem ein dau wedi cael diwrnod wrth ein bodd; Mair yn siopa a finnau wedi cael gweld ardaloedd a golygfeydd nad oeddwn wedi cael cyfle i'w gweld erioed o'r blaen.

Dro arall, roeddwn wedi bod yn arwain cymanfa yng Nghapel Sardis, Llanwddyn, ac ar ôl cyfarfod y prynhawn a chael te, roedd rhai oriau i'w llenwi cyn cyfarfod yr hwyr. Roeddwn yn digwydd bod yn siarad â hen gyfaill annwyl o Lanbryn-mair yn wreiddiol, sef Myfyr Lewis (y diweddar erbyn hyn) ac meddai, 'Wyt ti awydd mynd rownd y llyn am dro?' I'r dim gen i.

Ar ôl dod o hyd i Rhiannon, ei wraig, i ffwrdd â ni ein tri a mynd i fyny ochr chwith y llyn. Roedd yn dangnefeddus o dawel yno. Ym mhen ucha'r llyn roedd arwydd 'Llanymawddwy 7 milltir' a gofynnais i Myfyr, 'Sut yn y byd ewch chi i Lanymawddwy y ffordd yna?' Eglurodd mai'r ffordd dros Fwlch y Groes oedd hi. Roeddwn i wedi bod dros Fwlch y Groes ac allan i Lanuwchllyn droeon, ond erioed o Lanwddyn; er mai ffordd dros y mynydd oedd hi, roedd yn iawn efo pwyll a gofal.

Ar ôl cyrraedd i ben Bwlch y Groes a gweld y ffordd oedd yn arwain i lawr trwy Gwm Cynllwyd a thua Llanuwchllyn, roeddwn yn gwybod lle'r oeddwn i, ac euthum allan o'r car i dawelwch Bwlch y Groes. Doedd dim sŵn o gwbl i'w glywed yno, ar wahân i sŵn yr awel sydd bob amser i'w glywed ar ben mynydd, ac roeddwn yn teimlo geiriau'r bardd yn cael eu gwireddu, mai yn wir 'Arglwydd y cwm ydwyf i'.

Os oes rhywun sy'n darllen hyn o eiriau nad yw erioed wedi bod yng nghwm Abergeirw, ac os ydych yn hoffi tawelwch ac awyr iach, wel dyma'r lle i chi (gyda gofal!). Cychwyn o Ddolgellau wnaethom ni ein dau, ac anelu am Lanfachreth. Roedd y ffordd yn gul a rhaid oedd cymryd gofal; wrth fynd trwy Lanfachreth, daeth atgofion am lawer eisteddfod yn ôl (ac un atgof oedd y gwybed bach oedd yno'n ein croesawu bron bob amser). O Lanfachreth, roeddem yn dilyn nant fach i fyny'r cwm nes cyrraedd Hermon, ac yn fuan wedyn roedd y cwm yn dechrau lledu. Aethom heibio i ambell fferm a thyddyn, gan sylwi fod rhai cannoedd o aceri o dir, mynydd-dir lawer, i bob tŷ a welem mae'n siŵr. Ar ôl mynd heibio Abergeirw, roedd y ffordd yn dal i ymddangos fel pe bai'n ddiddiwedd, a dechreuais feddwl pryd yn y byd y byddem yn dod allan i ffordd gyfarwydd? O'r diwedd, daethom i olwg Trawsfynydd, ac i lawr ar hyd y briffordd i Ddolgellau.

Dyma'r math o le, greda' i, sy'n rhoi cyfle i ddyn feddwl yn dawel heb y sŵn a'r helbul sydd mewn dinasoedd, a pha Gymro diwylliedig sydd heb glywed am Nesta Wyn Jones o Abergeirw a'i theulu athrylithgar? Pa ryfedd eu bod yn cael ysbrydoliaeth i sgrifennu mewn lle mor dangnefeddus.

Taith mewn awyren

Er fy mod wedi gweld cannoedd o awyrennau'n pasio dros gwm Pennant yn ystod y blynyddoedd aeth heibio, doeddwn i erioed wedi bod â'm traed oddi ar y ddaear, a meddyliais ar ôl rhyw hanner-ymddeol, beth amdani? Mae maes awyr bach wedi agor ger y Trallwng, a galwais yno i wneud ymholiadau. Ar ôl dweud wrthynt beth oedd gen i mewn golwg, roeddent yn barod iawn i gydweithredu. Cefais enw a rhif ffôn y peilot, a phan gafwyd tywydd ffafriol a gobaith am ddiwrnod clir, braf, gwnaed trefniadau ar gyfer y dydd Sadwrn canlynol.

Roedd yr awyren o'm dewis â lle i dri, ynghyd â'r peilot. Roeddwn wedi meddwl tybed a fyddai ar Mair awydd trip, ond na, mae Mair yn hapus iawn â'i thraed ar y ddaear! Gofynnais i Buddug, fy chwaer, a Haf, ei merch, a oeddynt hwy am ddod (doedd Buddug erioed wedi hedfan, ond roedd Haf yn hen law arni), a bu imi ddwyn perswâd ar y ddwy i ddod efo fi'n gwmpeini.

Bore dydd Sadwrn oedd hi; bore braf, tawel a digwmwl, felly i ffwrdd â'r tri ohonom i'r Trallwng. Pan gyrhaeddom, roedd ein hawyren fach ni yn yr awyr; heb ddod i mewn ar ôl bod ag eraill am dro. Cyn hir, fe'i gwelsom yn dod tuag atom o'r pellter ac yn disgyn yn ddiogel wrth ein hochrau. Cefais fy moddhau yn fawr iawn gan fanylder y peilot cyn inni gychwyn; roedd yn archwilio pob darn o'r awyren yn ofalus, ac yn fy ngwahodd innau i edrych ar bob manylyn efo fo. Ar ôl bodloni ei hun fod popeth yn iawn, aethom ein pedwar i mewn; y peilot a fi yn y tu blaen a Buddug a Haf y tu ôl i ni. Clymodd pawb eu gwregysau, ac wedi i'r peilot gymharu'r papurau ar ei lin gyda'r clociau di-ri oedd o'i flaen a bodloni ei hun fod popeth yn iawn, i ffwrdd â ni.

Roeddwn wedi dangos iddo yr union lwybr yr oeddwn i am iddo'i gymryd, sef anelu dros Lanfair Caereinion, Cwm Nantyreira a thuag at Lanbryn-mair. Roedd edrych i lawr ar dre'r Trallwng yn deimlad rhyfedd iawn. Popeth yn ymddangos mor anghyfarwydd o'r awyr. Ymlaen â ni am Lanerfyl a Chwm Nantyreira, ac erbyn hyn roeddwn yn dechrau adnabod rhai o'r ffermydd – yr Hafod, Dolwen, Dolau a Chwmderwen, a gweld llynnoedd Cochwyaid a Gweddior cyn dod i olwg Llanbryn-mair. Daethom i mewn i gwm Pandy, rhywle uwchben Cwmffynnon, a throi ychydig i'r chwith gan anelu am gwm Pennant; erbyn hyn roeddwn yn adnabod pob man, ac eto roedd rhai lleoedd yn ymddangos yn ddieithr oherwydd ein bod yn edrych arnynt o gyfeiriad anghyffredin.

Hedfanom dros bentre Llan a Llwynowen ac edrych ymlaen i gyrraedd Pennant a Hendre Aur, a dyna lle'r oedd Mair oddi tanom yn chwifio lliain gwyn arnom, ac o'r uchder hwnnw, doedd hi fawr mwy na dol! Aethom ymlaen dros greigiau Pennant, a phan gyrhaeddom uwchben Ffrwd Fawr, gofynnais i'r peilot droi yn ôl a theithio i lawr y cwm unwaith yn rhagor. I lawr â ni dros Grugnant – lle'r oeddwn i'n ffermio ar y pryd – dros y Wig, Rhiwgan, Gellidywyll a phentre Bont Dolgadfan tuag at waelod y plwyf, a throi yn ôl rywle uwchben Clegyrddwr, dros Tŷ-pella a Chringoed ac yn ôl unwaith eto am gwm Pennant i ailfwynhau'r olygfa.

Wedyn aethom i gyfeiriad Llanidloes, a phan oeddem uwchben llyn Clywedog, dyma'r peilot yn gofyn i mi, *'Would you like to take over?'* Wyddwn i ddim a oedd o o ddifri' neu dim ond yn cellwair, ond meddai wedyn, *'There's nothing to it; just grab the wheel.'* (Roedd olwyn yr un gennym.) Roeddwn i'n gweld erbyn hyn ei fod o ddifri', ac roedd unrhyw her o'r fath yn gyfle rhy dda i'w golli, felly cydiais yn yr olwyn o fy mlaen. Pan welodd y peilot hyn, gollyngodd ei olwyn o ac i ffwrdd â ni, a fi yn llywio'r awyren!

Erbyn hyn, roedd y ddwy yn y cefn wedi mynd yn bur ddistaw – ofn y peilot newydd mae'n siŵr, a phwy all eu beio; ond roeddwn i wrth fy modd, felly pa ots am neb arall?! Wrth inni deithio uwchben y llyn, roeddwn yn teimlo ein bod yn gogwyddo ychydig gormod i'r dde, felly gofynnais i'r peilot, *'How do you turn this thing a little to the left?'* ac atebodd yntau, *'Exactly the same as a car, but GENTLY.'* Felly, troi'r olwyn ychydig i'r chwith, heb anghofio'r *'GENTLY'* a dyma'r awyren fach yn ufuddhau i bob symudiad a wnawn. *'Oh! never had it so good!'* Unwaith y daethom at argae'r llyn, cymerodd y peilot y llyw yn ôl ac rwy'n dychmygu i'r ddwy yn y cefn gael mawr ryddhad. Aethom ymlaen dros Lanidloes a rhoi tro uwchben y dref, ac yna anelu dros Gaersŵs ac am y Drenewydd cyn troi yn ôl am y Trallwng. Pan oeddem rai milltiroedd o'r maes awyr, dyma'r peilot yn pwyntio ato a dweud, *'That's where we started from, and that's where we're going to land'.*

Eisteddfodau a chyngherddau

Eisteddfodau'r Urdd

Gwelwyd cryn ddiddordeb mewn eisteddfodau yn ystod y cyfnod pan oedd y Parchedig Emrys Thomas yn weinidog yn y Pennant. Roedd ei wraig, Menna, yn gantores dda (soprano), a chofiaf yn dda adeg Eisteddfodau'r Urdd iddi fod yng nghôr yr aelwyd efo ni, a W.E. yn arwain. Awgrymodd Menna ein bod yn ffurfio pedwarawd: Menna yn soprano, Menna fy chwaer yn alto, Emrys Thomas (nid y gweinidog, ond Emrys Thomas y Bont) yn denor a finne'n canu'r bas. Os cofiaf yn iawn, roedd y tenor yn dechrau efo'r frawddeg, 'Wrth fynd i'm gwely bach fy hun'. Yn Eisteddfod y Cylch, oedd yn cael ei chynnal yn yr hen neuadd yn Llanbryn-mair, daeth ein pedwarawd ni yn gyntaf!

Roedd y cyntaf a'r ail ym mhob cystadleuaeth yn mynd ymlaen i'r Eisteddfod Sir yn Llanrhaeadr-ym-Mochnant, ac ymysg llawer o wobrau eraill a enillwyd, gan gynnwys y côr, enillodd y pedwarawd eto. Roeddwn yn meddwl bod Llanrhaeadr yn ddifrifol o bell, oherwydd doeddwn i erioed wedi bod yno o'r blaen. Roedd pawb oedd wedi ennill gwobr gyntaf yn Llanrhaeadr wedyn yn mynd ymlaen i gynrychioli sir Drefaldwyn yn Eisteddfod Genedlaethol yr Urdd yn Llangefni. Wel, os oedd Llanrhaeadr yn bell, beth am Langefni? A finne erioed wedi croesi'r Fenai!

Roedd cystadlaethau'r pedwarawd a'r côr ar y dydd Sadwrn, ond y rhagbrawf ar gyfer y pedwarawd ar y bore Gwener, ac er bod bws yn mynd â'r côr i fyny i sir Fôn ar y dydd Gwener, yn barod at ddydd Sadwrn, bu'n rhaid i ni'r pedwarawd fynd yno ar y trên ddydd Iau. O edrych allan o ffenest y trên, roeddwn yn synnu pa mor gynnar oedd tatws sir Fôn o'u cymharu â thatws cwm Pennant! Newydd blannu ein tatws oeddem ni, ond roedd llawer o rai Môn â'u gwrysg bron â llenwi'r rhesi.

Cyrhaeddwyd Llangefni ac i'r rhagbrawf â ni. Cawsom ymddangos ar y llwyfan hefyd, ond trydydd oeddem ni. Roedd pawb ohonom ni o Lanbryn-mair yn mynd i Lannerch-y-medd i aros dros nos, a phawb yn canmol eu llety. Roeddem wedi cael ein rhannu'n barau, er mwyn arbed gwelyau mae'n debyg; y ddwy Menna efo'i gilydd ac Emrys a finne'n rhannu. Drannoeth, daeth pawb at ei gilydd a phawb â'i stori, ond yr orau o ddigon oedd stori Dafydd Brynaere (gŵr Menna yn ddiweddarach) a Dewi Pentrecelyn; roedd y ddau yn aros yn yr un tŷ ac yn rhannu gwely. Fore trannoeth, gan nad oedd toiled y tu mewn i'r tŷ, dyma wraig y tŷ yn eu cyfarwyddo yn garedig iawn i fynd i waelod yr ardd, lle'r oedd y tŷ bach. Fe'u siarsiodd i fod yn ofalus, gan egluro fod i'r tŷ bach ddau dwll, ac iddynt ddefnyddio'r un ar y dde gan fod yr ŵydd yn eistedd ar y llall! Wel, sôn am hwyl ar y ffordd adre yn y bws a rhai o'r merched yn cymell Dewi Pentre i noethi ei ran ôl er mwyn iddynt gael gweld drostynt eu hunain a oedd yr ŵydd wedi cydio! Adre â ni, a phawb wedi cael ychydig ddyddiau o hwyl a sbort, a hynny ar ôl croesi'r môr am y tro cyntaf i lawer ohonom!

Eisteddfodau Powys

Roeddwn wedi bod yn mynychu cyfarfodydd Cymrodoriaeth Powys ers rhai blynyddoedd, ac yn cael pleser mawr o'r gwaith, yn enwedig gweithgareddau'r Orsedd. Un dydd ac yn sydyn, dyma swydd yr Arwyddfardd yn dod i'm rhan. Eisteddfod Powys yw'r unig eisteddfod daleithiol ar ôl yng Nghymru sydd â'i gorsedd ei hun, ac eithrio Eisteddfod Môn. Prif swyddogaeth Arwyddfardd yw gofalu am drefn gorymdeithiau ar adeg y cyhoeddi, y cadeirio a'r coroni, ynghyd â mynychu'r gwahanol bwyllgorau. Bûm yn ffodus dros ben yn fy mhartner yn y gwaith, fy nirprwy, sef John Talog Davies. Roedd Talog yn ŵr bonheddig yng ngwir ystyr y gair, ac roedd yn fraint ac yn bleser cael cydweithio gydag o. Roeddwn i'n arwain yr orymdaith i'r llwyfan, a Talog yn ei harwain i lawr; roeddwn i'n cyrchu bardd y gadair, a Talog fardd y goron, ac felly y bu am rai blynyddoedd. Wedyn daeth yr ergyd fawr!

Daeth swydd y Derwydd Gweinyddol i'm rhan, ac er i mi ei gwrthod am hanner blwyddyn am fy mod yn ofni'r cyfrifoldeb, cytunais yn y diwedd. Mae swydd Derwydd Gweinyddol yng Ngorsedd Powys yn cyfateb i swydd yr Archdderwydd yn y Genedlaethol; llywio gweithgareddau'r cadeirio, y coroni a'r prif seremonïau eraill, ond diolch byth, roedd fy eisteddfod gyntaf yn fy milltir sgwâr fy hun yn Llanbryn-mair yn 1993!

Roedd gen i gyfaill arbennig iawn yn Gofiadur, sef Trefor Owen, ac os bu llwyddiant yn ystod fy ngyrfa fel Derwydd Gweinyddol, y Cofiadur, heb unrhyw amheuaeth, sy'n haeddu'r rhan fwyaf o'r clod. Roedd o wrth fy ysgwydd bob amser a'i air doeth o gyngor yn gymorth amhrisiadwy, ac nid oedd arno ofn rhoi gair o gymeradwyaeth os oedd hynny'n haeddiannol. Mae swydd Derwydd Gweinyddol Powys yn parhau am gyfnod o dair blynedd, ond yn anffodus, methais â gweithredu fy nyletswyddau hyd ddiwedd y tymor; roedd cricymalau wedi cydio ynof ac roeddwn yn gwaethygu bob dydd.

Tua phythefnos cyn Eisteddfod Powys y Banw (yr eisteddfod olaf o'r tair i mi, p'run bynnag), bu'n rhaid imi roi gwybod i Trefor Owen na allwn gyflawni fy ngwaith yn y Banw am nad oedd gennyf obaith sefyll ar fy nhraed cyhyd. Roedd y Cofiadur yn cydymdeimlo'n fawr â fi, gan ddweud wrthyf am beidio â phoeni am yr eisteddfod, a gadael y trefniadau i gyd iddo fo. Gofynnodd (i'r diweddar erbyn hyn) Henry Hughes, Llanarmon, a oedd wedi gwneud y swydd o fy mlaen i a wnâi o gyflawni'r dyletswyddau, ac felly y bu.

Roedd y cricymalau'n gwaethygu, ac er fy mod yn rhoi cynnig ar feddyginiaethau lu, doedd dim byd yn gweithio; doedd arna' i ddim awydd bwyd a methwn gysgu'r nos. Erbyn diwedd mis Gorffennaf, roedd fy mhwysau wedi gostwng o tua 13½ stôn i ychydig dros 11 stôn. Roedd yn rhaid gwneud rhywbeth, a phan euthum at y meddyg, o weld fy nghyflwr, dywedodd ar unwaith, *'I'll try to get you into Gobowen'.* Ffôniodd Ysbyty Gobowen ac meddai wrthyf, *'Go home and expect a call from them any time'.*

Tua dau o'r gloch daeth galwad o Gobowen, *'Can you come in tonight by 5.30?'* Gallwn debyg iawn, ac i mewn â fi i Ysbyty Gobowen ar y 1af o Awst 1994. Mae Gobowen yn un o ysbytai esgyrn gorau'r byd, a bûm yn ffodus iawn i gael fy nerbyn yno ar fyrder. Er mai ysbyty oedd o, roedd llawer o hwyl i'w gael yno; roeddwn yn ffodus iawn fod tri ohonom ar ein ward ni yn Gymry Cymraeg; John o sir Fôn, Des o Wrecsam a minnau. Y drefn oedd cael brecwast (yn y ward) tua saith, gorffwys am awr, ac yna cerdded (y rhai ohonom oedd yn gallu cerdded, a'r lleill yn eu cadeiriau olwyn) at y pwll nofio. Ni fu gen i erioed gariad mawr at ddŵr, ond roedd yn rhaid mynd i mewn iddo. Roedd sawl dyfnder yn y pwll; roeddem yn mynd i mewn i'r pen bas â rhai o'r ffisiotherapyddion yn ein helpu, yna i lawr ddwy neu dair stepen, ac ymlaen ac i lawr wedyn.

Er nad oeddwn yn hoff iawn o ddŵr, ar ôl mynd i mewn, roedd yn deimlad braf dros ben a'r dŵr poeth yn lleddfu tipyn ar y tyndra oedd yn y cymalau. O'r diwrnod cyntaf hwnnw, roeddwn yn edrych ymlaen at fynd i'r pwll bob bore. Dydw i erioed wedi gallu nofio, ond roeddwn yn cael llawer o hwyl efo tua ugain ohonom yn y pwll efo'n gilydd, ac ambell hen wraig, dipyn hŷn na fi, yn nofio fel sardîn, ac yn gofyn i mi wrth basio, *'Can you swim?' 'Oh yes,'* atebwn innau'n ddewr, *'with my feet on the floor!'*

Mrs Margaret Kerr oedd enw'r prif ffisiotherapydd. Albanes a dynes arbennig iawn oedd yn fodlon mynd allan o'i ffordd i helpu pawb, cyn belled â bod pawb yn gwneud eu gorau. Dyna lle y byddai ar ganol y pwll yn ein dysgu sut i ymarfer. Roedd hi am inni godi ein breichiau mor uchel ag y gallem ond ni allai'r rhan fwyaf ohonom gyrraedd llawer uwch na'n clustiau, a dyma oedd ei byrdwn: *'Reach up, up, up; it's all in the mind,'* ac wedyn, â phawb yn ei hwynebu, byddai'n ein gorchymyn i ddal ein dwylo gyda'r cledrau i lawr ar wyneb y dŵr, ac yna, *'Play the piano,'* er mwyn ystwytho'r bysedd. Wedyn byddai'n rhaid inni droi ein dwylo'r ffordd arall ychydig o dan wyneb y dŵr a, *'tickle the trout'*. Roedd hi'n feistres galed, ond yn angyles o gymeriad.

Ar ôl cinio, byddem yn gorffwys tan tua dau o'r gloch. Rhoddent bwyslais mawr ar orffwys, *'It's part of the therapy,'* ac yna i lawr i ben isaf yr ysbyty a fedyddiwyd gan rai yn *torture chamber!* Yno byddai tua ugain ohonom – dynion a merched – yn eistedd o amgylch bwrdd mawr hir yn cael ein dysgu sut i helpu ein hunain. Un peth oedd yn fy siomi yno – a hithau'n wythnos gyntaf mis Awst, wythnos yr Eisteddfod Genedlaethol – oedd nad oeddem yn medru derbyn rhaglenni S4C yn Gobowen, er bod modd derbyn lluniau teledu clir o'r lleuad! Rhyfedd o fyd yntê?

Bûm yno am dair wythnos, ac ar ôl llawer o brofion a rhoddi samplau gwaed i nyrs a elwid gan rai yn *Dracula* (yn ei chefn), ac arbrofi pa gyffuriau oedd yn addas i mi, cefais ddod adref. Daeth cymydog caredig, Edwin Hughes, i fy nghyrchu adref, ac mewn ychydig roeddwn yn dechrau bwyta'n well a chysgu'r nos. Nefoedd ar y ddaear! Rwyf yn dal i fynd i'r feddygfa yng Nglantwymyn unwaith y mis i roi sampl gwaed, ac i Gobowen bob rhyw dri mis, ond rwyf yn cyfri' fy hun yn un o'r rhai ffodus iawn, gan fod y cyffuriau'n gweithio. Er y byddai llawer ohonom yn dymuno bod yn iachach, rwy'n gallu mynd oddeutu heb lawer o boen ac yn mwynhau bywyd, ac wedi cael cyrraedd oed yr addewid.

Eisteddfod Powys Llanbryn-mair 1993

Ers rhai blynyddoedd, pan fyddai cyfarfod bach cystadleuol yn cael ei gynnal yn Llanbryn-mair, byddai W.E. (neu W.E. Williams, Tŷ-Pella i roi ei enw llawn iddo – ond W.E. i bob eisteddfodwr trwy Gymru gyfan) a finne, yn codi parti bach, ac yn cael llawer iawn o foddhad yn cystadlu yn erbyn ein gilydd, a'r ennill a'r colli yn bur wastad dros y blynyddoedd. Ond yn 1993 roedd Eisteddfod Powys yn dod i Lanbryn-mair, ac yn rhyfeddol, penderfynom ein dau godi côr yr un i gystadlu yn yr eisteddfod honno, oedd i'w chynnal ar faes cyfleus ger y pentref.

Cantorion o'r ardal leol oedd y rhan fwyaf o aelodau'r corau, ond gan ei bod yn Eisteddfod Powys, roedd yn rhaid mynd y tu allan i ffiniau plwyf Llanbryn-mair i ofyn am gymorth rhai cantorion, ac erbyn diwrnod yr eisteddfod, roedd gan y ddau ohonom gorau eithaf sylweddol. Dim ond ni ein dau oedd yn cystadlu; W.E. enillodd, ac roedd aelodau'r corau wedi mwynhau'r profiad gymaint nes iddynt benderfynu dal ati, ac edrych ymlaen yn eiddgar at yr eisteddfod nesaf. Doedd dim rhaid inni aros yn hir, roedd Eisteddfod Trefeglwys yn nechrau mis Hydref ac felly y dechreuwyd pethau. Dyma rhyw fath o gatalog o'r eisteddfodau y buom ynddynt:

1. Powys, Llanbryn-mair	17.7.93	ail
2. Trefeglwys	2.10.93	cyntaf
3. Llanbryn-mair	23.10.93	ail
4. Abergynolwyn	12.2.93	cyntaf
5. Carno	5.2.94	cyntaf
6. Dinas Mawddwy	2.4.94	cyntaf
7. Powys, y Banw	15.7.94 (pentrefol)	trydydd
8. Powys, y Banw	16.7.94 (agored)	olaf
9. Trefeglwys	19.11.94	ail
10. Carno	4.2.95	ail
11. Powys, Llanidloes	21.7.95	ail
12. Llanbryn-mair	7.10.95	cyntaf
13. Trefeglwys	18.11.95	cyntaf
14. Carno	3.2.96	cyntaf
15. Llanbryn-mair	18.10.96	cyntaf
17. Trefeglwys	16.11.96	cyntaf
18. Powys, Llanrhaeadr	18.7.97	rhannu ail
19. Trefeglwys	4.10.97	ail
20. Llanbryn-mair	30.1.98	cyntaf
21. Carno	7.2.98	cyntaf
22. Dinas Mawddwy	11.4.98	trydydd

Triawd D.E.G.

Tua 1984, roedd rhai o gorau meibion Cymru wedi cael gwahoddiad i'r Albert Hall i gymryd rhan yng nghyngerdd y 'Mil o Leisiau'. Gan fod Côr Meibion Powys – dan arweiniad Tecwyn Jones, a Mrs Briwnant Jones yn cyfeilio – wedi derbyn gwahoddiad o'r fath, ymunais â'r côr er mwyn cael mynd i'r Albert Hall a chael bod yn un o'r 'Mil o Leisiau'. Cafwyd ymarfer mewn capel mawr yn Llandrindod, ac anghofia' i byth mo'r wefr o fod ynghanol tua dau gant a hanner ohonom ni, y bas cyntaf, yn agor un o'r darnau, a hynny mewn *double forte*; profiad bythgofiadwy.

Cyrhaeddwyd yr Albert Hall, a threulio'r prynhawn cyn y darllediad yn ymarfer; wedyn, roedd y noson yn rhydd gennym. Roedd Côr Powys yn aros yn y *Park Plaza Hotel* ac ar ôl i bawb gael swper da (ac iro'r llwnc!) peth naturiol oedd inni ganu efo'n gilydd. Roeddwn yn digwydd bod yn sefyll rhwng Gwyndaf (un o faswyr gorau'r côr) a Derwyn, Maesllwyni, ac roeddem i gyd yn ei morio hi.

O wrando ar y ddau oedd bob ochr i mi yn canu, a Derwyn yn canu pob nodyn yn gywir â llais tenor swynol dros ben ganddo, daeth syniad i mi; buaswn wrth fy modd yn canu efo'r ddau yma, dim ond ni ein tri, a soniais wrthynt rywbryd am y syniad o ganu fel triawd. Roedd y ddau yn barod i roi cynnig arni, a threfnwyd inni fynd i lawr i Llysun at y ddiweddar Mrs Gwyneth Jones i ymarfer ychydig o emynau adnabyddus, a dyna ddechrau Triawd DEG. Pam Triawd DEG? Wel, yn syml iawn: D am Derwyn, E am Elwyn a G am Gwyndaf.

Cyn hir, (mae'n rhaid bod rhywun wedi clywed ein bod yn ymarfer efo Mrs Jones), dyma wahoddiad gan gangen Merched y Wawr oedd yn cynnal eu cymanfa flynyddol y flwyddyn honno yng Nghapel y Bedyddwyr ym Mhenfforddlas, i Driawd DEG gyflwyno rhyw ddwy eitem yn ystod y gymanfa. Dyna oedd ein cyhoeddiad cyntaf ni fel Triawd DEG. Bu Mrs Jones yn dod efo ni i bobman am rai blynyddoedd, ond yn anffodus, a'i hiechyd yn dirywio, bu'n rhaid iddi symud at ei merch, Shirley, a'i gŵr, Dr Gruff Jones, i Fae Colwyn. Dyna golled a gawsom ni fel triawd, a llawer o rai eraill oedd yn mynd ati i ymarfer. Colled i ardal Llanbryn-mair yn wir.

Ond cefais syniad; roedd Beti (merch o Lanuwchllyn) wedi priodi â chymydog i mi, sef Tom, Dolbachog, ac yn un dda iawn efo'r piano. Gofynnais iddi a fyddai hi'n fodlon dod atom ein tri i gyfeilio inni. Un wylaidd iawn ydy Beti, ac yn ofni tybed a fuasai hi'n ddigon da? Ond bodloni wnaeth, a hi fu efo ni ar hyd y blynyddoedd, nes inni orfod rhoi'r gorau iddi oherwydd cyflwr fy iechyd i.

Dyma enghraifft o ddawn Beti fel cyfeilyddes; mewn cyngerdd un noson roedd gan Derwyn (y tenor) ychydig o annwyd ac fe gâi rhywfaint o drafferth gyda'r nodau uchel yn y pennill cyntaf. Sylweddolodd Beti fod ganddo broblem, felly aeth ati i drawsosod y gerddoriaeth hanner tôn yn is ar gyfer yr ail a'r trydydd pennill. Nid pawb fyddai wedi sylwi, ac yn ddigon siŵr nid pawb fyddai'n gallu newid cywair rhwng dau bennill!

Fe gawsom lawer iawn o hwyl a phleser, a buom yn canu yn y rhan fwyaf o'r trefi a'r pentrefi o'r Amwythig i Ddolgellau ac o Dregaron i Aberteifi. Roedd Beti yn medru chwarae hen nodiant, sol-ffa a chwarae heb gopi o gwbl, ac yn llawn sbort. Fe glywodd Beti bethau anhygoel yn ystod y blynyddoedd y bu'n teithio yn y car efo ni, ond roedd Beti yn mwynhau'r cwmni'n iawn. Cawsom wahoddiad i ganu ar y rhaglen 'Dechrau Canu, Dechrau Canmol' pan oedd honno'n cael ei recordio yn yr Hen Gapel, Llanbryn-mair, a chawsom gyfle i gymryd rhan mewn cystadleuaeth deledu o'r enw 'Gweld Sêr' gyda Cefin Roberts yn ei chyflwyno. Ymhen rhai blynyddoedd, aethom ati i recordio casét yn Stiwdio Fflach, a'i alw'n 'Dwsin o Hoff Ganeuon Triawd DEG'. Gwerthodd yn llawer gwell na'r disgwyl ac mae'n dal i werthu'n dda.

Cyfansoddi tôn

Ers bron i hanner can mlynedd, mae Cylchwyl Ysgolion Sul yn cael ei chynnal yng Nghwmllline, ac ar un adeg roedd tua wyth Ysgol Sul yn cystadlu'n frwd yn erbyn ei gilydd, a tharian hardd yn cael ei rhoi i'r uchaf ei marciau. Er bod cryn dipyn o newid wedi bod yn nifer yr Ysgolion Sul a'r cystadleuwyr yn ystod y blynyddoedd diwethaf, mae'r Gylchwyl yn dal yn fyw. Mae cystadlaethau canu, adrodd a barddoni i'w cael, ac un gystadleuaeth sydd yn y rhestr testunau bob blwyddyn yw 'Cyfansoddi tôn ar unrhyw fesur', a rhai blynyddoedd yn ôl, meddyliais, beth am roi cynnig arni?

Y gwaith cyntaf oedd chwilio am eiriau addas i lunio tôn arnynt, a daeth emyn y diweddar Barchedig W. Rhys Nicholas – y garol 'Pwy yw'r rhain sy'n dod ar hynt' i'r cof. Roedd y geiriau swynol hyn yn addas i'w canu'n llyfn ar fesur 6/8, felly dyma gychwyn, a deallais yn fuan iawn nad oedd sgrifennu emyn-dôn mor hawdd ag yr ymddengys. Deuthum i ben â'r dôn, ac fe'i gelwais yn 'Carol y Bugeiliaid' ac fe'i hanfonais i mewn i'r gystadleuaeth. Pan ddaeth diwrnod yr ŵyl, a'r feirniadaeth, clywais nad oedd neb arall wedi cystadlu a dyfarnwyd fy ymgais i yn deilwng o'r wobr.

Doedd hynny ynddo'i hun yn fawr o gamp, ond yr hyn a'm calonogodd oedd anogaeth gref y beirniad imi ei chyhoeddi, gan egluro fod llawer o donau a barddoniaeth yn cael eu hanfon i gystadlaethau ac yn ennill, a neb yn eu clywed na'u gweld byth wedyn. Anfonwyd y dôn at y pwyllgor sy'n gyfrifol am Ddetholiad y Methodistiaid, ac fe'i cyhoeddwyd yn rhifyn 1992-93. Eleni fe'i canwyd mewn tri gwasanaeth plygain lleol.

Cerbydau

Prynodd 'Nhad ei foto-beic cyntaf yn 1930, Douglas KC 16 – yn arbennig i gario fy chwaer i orsaf Llanbryn-mair ar fore Llun a'i chyrchu adref ar nos Wener, gan iddi ennill ysgoloriaeth i Ysgol Ramadeg Machynlleth. Bu'r teulu i gyd, ynghyd â Richard Bennett, yn sefyll ar y ffalt yn gwylio'r perfformans o gychwyn y bore cyntaf hwnnw. 'Nhad yn rhedeg efo'r beic i'w danio cyn neidio i'r cyfrwy, ac yna Buddug yn dringo i'r sedd tu ôl gyda'i bag llyfrau ar ei chefn a digon o fwyd am wythnos mewn cas yn ei chôl. Roedd Bennett yn synnu y gwnâi neb ymdrech i gario plentyn (yn enwedig merch) i'r ysgol; trodd at Mam a dweud, 'Diain Meri, mae'r byd yn mynd rhagddo'n gyflym; cerdded dros fwlch Ceulan efo sached o datws ar fy nghefn wnes i pan gefais gwarter o Ysgol Dre!'

Fe redodd yr hen Douglas am flynyddoedd, a phan fethodd, ailgylchwyd amryw o'i ddarnau ac aeth y gweddill, ynghyd â llawer trysor tebyg, yn sgrap adeg y rhyfel. Ond mae'n dda cael dweud bod hanner y plât-rhif ar gael, a bod hwnnw bellach yn Amgueddfa Syr T. H. Parry-Williams yn hen ysgol Rhyd-ddu.

Yn dilyn KC 16, bu gan Hywel foto-beic a seidcar i fynd i'w waith – *Ariel 500*. Roedd hwn yn feic da ac yn ddigon cryf i fynd â'r seidcar yn ddidrafferth. Roedd yn iawn ar dywydd da, ond pan fyddai'r tywydd yn oer a gwlyb, a heb y dillad diogelu sydd i'w cael heddiw, roedd teithio ar gefn moto-beic yn gallu bod yn ddigon annymunol. Felly penderfynwyd fod yn rhaid cael rhyw fath o gar.

Roedd Hywel wedi bod yn torri ŷd yn Aberbiga i Emrys Bennet Owen. Gan fod Emrys wedi newid ei gar, roedd yr hen un yn sefyll ar y buarth. Ar ôl tipyn o fargeinio, prynodd Hywel y car. *Singer 9* oedd o, model 1933 dwi'n meddwl, un coch a du a'i rif oedd UJ 1161. Ar ôl prynu'r *Singer*, byddai ganddo do uwch ei ben o leiaf. Ychydig iawn o geir oedd yn yr ardal bryd hynny ac er nad oedd hwn yn Rolls Royce, roedd yn rhyw fath o gar. Ni fu ganddo lawer o frecs erioed, ac roedd *play* yn y llywio yn debyg iawn i'r *Fordson* bach, ond roedd o'n gar, ac roedd o'n mynd! Yn wir, bu'n mynd am flynyddoedd yn eitha' di-gost, a'r pris a dalodd Hywel amdano oedd £16!

Ymhen rhai blynyddoedd, a'r hen gar angen rhannau newydd, prynwyd *Singer 9* arall, yn union yr un model er mwyn cael darnau i'r llall. Un gwyrdd a du oedd hwn a'i rif oedd YY 2310. Erbyn cael y ddau at ei gilydd a gofyn i Stanley Jones, oedd yn cadw garej yn Llanbryn-mair ddod acw i gymryd rhannau gorau'r car gwyrdd a du a'u gosod ar yr hen UJ 1161, roedd Stanley o'r farn fod yr YY 2310 mewn gwell cyflwr na'r llall, ac felly cymerwyd y darnau gorau oddi ar yr UJ 1161 a'u gosod ar yr

YY 2310, a bu hwnnw'n rhedeg am rai blynyddoedd. Pris y *Singer 9* gwyrdd a du oedd £14, ac felly, cyfanswm pris ein dau gar cyntaf oedd £30! Beth sydd i'w gael heddiw ym myd moduro am £30?

Pan ddechreuais yrru yn ddwy ar bymtheg oed, *Austin 10* oedd acw, CMA 594; car dibynadwy iawn a chan ei bod yn gyfnod y rhyfel roedd dogni ar betrol. Gan fod raid mynd oddi cartref cryn lawer efo'r injan ddyrnu a.y.y.b. roedd yn anodd cael digon o gwpons petrol i'n cadw i fynd, ac ar dro siawns, gwelais gymryd ddau alwyn o TVO (y tanwydd a ddefnyddiem yn y tractor) a'i gymysgu â thri galwyn o betrol, ac ar wahân i ychydig o fwg nes cyrraedd Tŷ-mawr, aeth yr hen *Austin* yn iawn ar y gymysgedd. Mae'n dda nad oedd *Ministry Inspectors* oddeutu'r adeg honno!

Gan ein bod yn defnyddio'r car at bob diben – mynd i ddyrnu a chario drymiau *TVO* a'r cyfan yng nghefn y car, a hefyd yn ei ddefnyddio weithiau i gario Mam a fi i'r capel ar ddydd Sul – roedd yr hen gar yn drewi o arogl olew, ac yn anorfod, roedd yr arogl yn aros ar ein dillad gorau. Penderfynais brynu fan fach i'w defnyddio at fy ngwaith, a chefais hyd i'r union beth roeddwn yn chwilio amdano yn garej Byron Evans yng Nghaersŵs. *Ford 8* oedd y fan, DWN 711 oedd ei rhif, a deugain punt oedd ei phris. Er ceisio gostwng y pris, roedd Byron yn benderfynol o gael ei bres, ac yn y diwedd fe'i prynais ac ysgwyd llaw ar y fargen.

Pan eisteddais yn sedd y gyrrwr, a chwilio am y botwm i'w thanio, meddai'r hen Byron, *'You'll have to give it a shove to start it, but once you start it, it goes like a bomb!'* A finne newydd dalu amdani! Ond roedd Byron yn berffaith iawn yn yr hyn a ddywedodd; roedd hi'n fan fach dda a dim ond iddi gael ei *shove* am ychydig o lathenni, welais i mo'i gwell am danio, a bu'n fan ddibynadwy tra bu gen i. Yn sicr, fe ddylwn fod wedi ei thanio cyn talu amdani, ond bu hynny'n wers imi byth wedyn i beidio 'prynu cath mewn cwd'. Ar ôl dyddiau'r *Ford* fach, mi brynais *Bedford*, oedd dipyn yn fwy na'r hen Fforden; yr unig beth nad oeddwn i'n hoff iawn ynglŷn â'r *Bedford* oedd ei lliw – melyn golau – a phenderfynais ei phaentio efo brwsh! Ar ôl ei glanhau cystal ag y gallwn, roedd y paentio'n ddigon hwylus ac fe'i paentiais yn wyrdd tywyll. Yn wir, heb fanylu gormod, roeddwn o'r farn ei bod yn edrych llawer gwell.

Alf Edwards oedd yn cadw garej Llanbryn-mair ar y pryd, gyda'i ddau frawd, Wil a Jac a'i frawd yng nghyfraith, Arthur, yno'n ei helpu. Un doniol oedd Jac; pan euthum i lawr i'r garej i gael petrol i'r *Bedford* am y tro cyntaf ar ôl ei phaentio, roeddwn yn meddwl tybed beth fyddai gan Jac i'w ddweud amdani. Ddywedodd o ddim am y fan ar ei newydd wedd wrth lenwi'r tanc â phetrol, ond cyn i mi fynd, gofynnodd Jac, 'Wyt ti wedi paentio'r fan?' 'Ydw,' meddwn innau, 'Beth ydych chi'n feddwl o'r *job*?' Ar ôl craffu ychydig a dweud dim am funud, meddai'r hen Jac, 'Wyddost ti be, mi fues inne'n paentio wedi nos ers talwm ac roeddwn inne'n meddwl 'mod i wedi gwneud *job* go lew nes iddi ddod yn olau dydd!' Dyna dynnu tipyn o wynt o fy hwyliau yn dawel a digon bonheddig!

Ond mi gefais gyfle i dalu'r pwyth yn ôl cyn bo hir. *Morris 10* oedd gen i ar y pryd ac wrth geisio'i danio rhyw ben bore, roedd y batri'n fflat. O edrych, gwelais fod un gell yn sych. Fe'i gwthiais i'w danio, a galw efo Jac yn y garej iddo roi dŵr yn y batri. Roedd y batri dan sedd y gyrrwr a phan welodd Jac y gell sych, daeth â llond potel peint a hanner o ddŵr, a chychwyn ei dywallt i mewn i'r batri yn araf; ychydig i ddechrau, ac ar ôl edrych i mewn iddo, ychydig mwy. O'r diwedd, roedd peint a hanner o ddŵr wedi mynd i mewn i un gell, ac meddai Jac, 'Dyma'r peth rhyfedda' weles i erioed'.

Fe ddigwyddais fynd rownd y tu ôl i'r car, a dyna lle'r oedd y dŵr yn dod allan o'r beipen ecsôst a galwais ar Jac i weld y rhyfeddod! Roedd wyneb Jac yn bictiwr. Yr hyn oedd wedi digwydd oedd fod y batri yn union uwchben yr ecsôst, gyda dim ond darn bach tenau o asbestos rhyngddynt, ac roedd naill ai'r batri wedi llosgi peipen yr ecsôst, neu'r ecsôst wedi llosgi twll yn y batri. Wrth i Jac arllwys y dŵr i mewn i'r batri, âi yn syth trwodd i'r ecsôst, a chan fod y car â'i ben ôl ychydig i lawr y rhiw, roedd y dŵr yn llifo allan y ffordd honno.

Adeiladu Hendre Aur

Oddeutu diwedd yr wythdegau, roedd Mair a finne'n rhyw ddechrau siarad ynglŷn â beth oeddem ni am ei wneud yn y dyfodol. Does gennym ni ddim plant ac roeddem yn meddwl ei bod yn bryd inni ddechrau cynllunio ar gyfer ymddeol. Roeddwn bellach o fewn dwy flynedd i 'mhensiwn, ac roedd yn bryd inni'n dau arafu. Felly penderfynwyd gwerthu'r Hendre a Bryneglwys, dal at Crugnant a chadw'r Pandy ar rent. Buom yn ystyried prynu tŷ neu fyngalo yn rhywle, ond rywsut, doedd yr un ohonom yn awyddus iawn i symud o'r ardal. Roeddwn i wedi cael fy ngeni yma, a Mair wedi byw ym Mhennant cyn ei bod yn ugain oed.

Roeddwn yn rhentu tir y Pandy gan Menna ers marw Dafydd ei gŵr, felly penderfynais ofyn iddi a fuasai'n fodlon gwerthu safle digon o faint i godi byngalo i ni. Buom yn ffodus iawn iddi gytuno ar unwaith i werthu darn o dir i ni, a hynny am bris rhesymol. Serch hynny, roedd un anhawster; er bod y darn tir roeddwn i wedi ei ddewis yn gyfleus i'r ffordd, roedd ar lechwedd go arw a chlamp o goeden fasarn yn tyfu ar ei ymyl, ond o'i wastatáu, roeddwn yn hyderus y byddai'n safle ardderchog i godi byngalo, ac yn wyneb haul y bore.

Cynigiais y gwaith i adeiladwyr lleol, Islwyn Pryce a'i Fab, ac roeddynt yn barod i gymryd y contract. Pan ddaeth Islwyn yma i weld y lle, y cwestiwn cyntaf iddo ei ofyn oedd, 'Fedri di ddim ffeindio darn o dir gwastad yn unlle?' ond roeddwn i wedi penderfynu ar y safle ac atebais, 'Paid â phoeni am y llechwedd; erbyn y doi di a'r bechgyn yma, mi fydd y fan yma yn wastad i ti.'

Y gorchwyl cyntaf oedd cael gwared â'r goeden. Roedd yn goeden sylweddol; pe bai'n disgyn i'r cyfeiriad anghywir byddai'n bwrw'r Hafod ac fe allai achosi difrod mawr. Fodd bynnag, roedd rhaid ei chael i lawr a hynny'n gwbl ddiogel, felly gofynnais i fechgyn y Wig ddod yma i fy helpu, a dod â'u tractor efo nhw. Clymwyd rhaff-wifren o'r goeden i'r ddau dractor, ac wedi ei llifio, cwympodd yn berffaith ddiogel i'r cyfeiriad cywir, ac ar ôl ei darnio, cafwyd digon o goed tân am fisoedd. Ar ôl clirio'r goeden, gofynnais i Gwyn Jones, contractwr o Dalerddig, i ddod yma i wastatáu'r safle; mae gan Gwyn beiriannau pwrpasol iawn i symud daear ac fe gychwynnwyd o ddifri.

Ar ôl symud tua dwy droedfedd o bridd, daethom at y graig a bu'n rhaid cael cymorth peiriant *R.B.* mawr ar draciau i dorri trwy'r haen galed. Roedd dipyn o waith clirio craig oddi yno, ond yn ffodus, roedd lle i'r rhan fwyaf ohono lai na chanllath i ffwrdd ar yr iard oedd gennyf i lawr wrth yr afon. (Roeddwn newydd godi sied yn un pen i'r iard, yn rhannol i drin defaid a hefyd i gadw'r tractorau a'r peiriannau.) Braidd yn feddal oedd y ddaear yno, ond ar ôl cario cannoedd o dunelli o graig o safle'r tŷ newydd a'i wastatáu, mae'n iard lân a chaled.

Codwyd y byngalo ar dywydd sych, ac er nad yw adeiladu yn waith glân iawn, roedd y rhan fwyaf o'r bechgyn mewn esgidiau isel trwy'r amser, gan fod craig o'u deutu ym mhobman. Y bechgyn i gyd yn eithriadol o drefnus wrth eu gwaith; byth yn gadael dim byd o dan draed ac yn sgubo ar eu holau bob nos. Erbyn cwblhau popeth a thacluso, mae gennym gartref bach clyd a chysurus sydd yn wir 'wedi ei adeiladu ar graig'.

Gwaith coed

Wedi inni symud i lawr i Hendre Aur ar ôl oes eitha' prysur, roedd yn rhaid chwilio am rywbeth i'w wneud yn f'amser hamdden. Roeddwn i bob amser wedi bod â diddordeb mewn gwaith coed – llifio polion a gosod coes mewn bwyell a rhyw fanion o'r fath; yn wir, ar ôl gadael yr ysgol, bûm wrthi am flynyddoedd yn gwneud llidiardau ac yn adeiladu cytiau ieir gartre yn yr Hendre, gan fod y rhai oedd yno ar y pryd mewn cyflwr pur wael. Serch hynny, doeddwn i erioed wedi cael y cyfle na'r amser i fynd ati o ddifri a meddyliais, beth am wneud rhod ddŵr a'i chael i weithio.

Cefais yr echel, oedd yn ffitio i'r dim, gan Iori Plas, fy nghefnder; darn o haearn crwn oedd gen i fel werthyd trwy'r rhod. Ymhen rhai dyddiau, ac ar ôl rhai camgymeriadau, roedd y rhod yn barod. Roedd gen i hen ffrâm fuddai oedd i'r dim i ddal y rhod ac yn mesur pedair troedfedd union ar ei thraws, a thua throedfedd o led. Ar ôl gosod y rhod ar y ffrâm a'i throi yn araf efo llaw er mwyn gweld sut roedd y balans, roedd yn troi'n ddigon gwastad.

Mae gen i iard yr ochr isaf i'r tŷ, ychydig lathenni o'r afon; man delfrydol i godi'r rhod ar wahân i'r ffaith fod codiad serth o'r afon i'r iard. Sut oeddwn i'n mynd i gael dŵr i lifo i fyny'r rhiw? Meddyliais am y posibilrwydd o fynd â phiben 1/2" modfedd i fyny nant Ceulan am rhyw ddau gan llath; tybed a gawn i ddigon o uchder i'r dŵr droi'r rhod? Wel, doedd y cynllun ddim yn gweithio; er bod y dŵr yn dod trwy'r biben, roedd yn llawer rhy araf i droi'r rhod a bu'n rhaid imi feddwl am ffordd arall.

Yr unig ateb i'r broblem oedd prynu pwmp trydan i godi'r dŵr o'r afon. Gwyddwn fod peirianwyr o'r enw *Bunners* yn Nhrefaldwyn, ac euthum i'w gweld ac egluro beth yn hollol roeddwn i ei angen. Roedd ganddynt yr union beth at y pwrpas ac fe'i prynais. Wedi ei osod ychydig yn uwch na lefel yr afon, rhag ofn inni gael llifogydd, roedd yn rhaid cael pŵer ato, felly cysylltwyd gwifren drydan o'r gweithdy i'r pwmp ar hyd wyneb y ddaear hyd nes y cawn weld a oedd yn mynd i weithio.

Ar ôl cynnau'r pŵer, roedd yn dda gweld fod y cyfan yn gweithio'n iawn ac yn pwmpio llond piben 1/2" modfedd o ddŵr i'r awyr. O weld fod y cynllun yn gweithio, roedd yn rhaid tacluso pethau. Y peth cyntaf oedd gosod y wifren drydan mewn piben 1/2" modfedd wag a'i chladdu dan y ddaear. Y gwaith nesaf oedd cysylltu un pen yn ddiogel i'r pwmp a'r llall i swits annibynnol fel y gallwn gychwyn y pwmp o'r gweithdy. Iawn hyd yma!

Wedyn, roedd yn rhaid gwneud cafn dŵr tua ugain troedfedd o hyd a chwe modfedd o led a dyfnder, a'i godi fel bod ei ben isaf uwchben y rhod a'r pen uchaf â digon o rediad i'r dŵr roi ergyd go lew i'r rhod; yna cysylltu piben o'r pwmp i ben uchaf y cafn, a gobeithio'r gorau. Dyma'r foment dyngedfennol yn cyrraedd – troi'r swits a dal fy anadl; ymhen ychydig eiliadau dyma'r dŵr yn llifo i'r golwg ym mhen uchaf y cafn, ac yn rhedeg yn gryf i lawr tua'i waelod, a *bingo!* dyma'r rhod yn troi. Da iawn hyd yn hyn!

Ar ôl cael y rhod i droi a gwybod ei bod yn mynd i weithio, daeth syniad; beth am gael y rhod i droi rhywbeth arall? Meddyliais pe bawn i'n cael gafael ar feic o rywle, a gwneud dyn allan o *plywood* i eistedd ar y sedd, y gallwn gael ei goesau i esgus padlo. Fel y daw lwc heibio rhywun weithiau, roedd hen feic Raleigh wedi bod yn hongian ar y wal yn Tŷ Isa' ers blynyddoedd, a dim golwg fod unrhyw un yn mynd i'w ddefnyddio byth mwy, ac fe'i cefais yn anrheg!

Unwaith imi osod y beic ar ffrâm soled, fe brynais dair cadwyn a weldio sbroced beic ar werthyd y rhod (gorfod cloi'r ffri-wîl ar y beic) a'r syniad oedd i'r dŵr droi'r rhod, a'r rhod droi'r beic, ac yn wir, mi weithiodd; roedd yr olwyn ôl a'r pedalau'n troi. Wedyn, roedd yn rhaid mynd ati i gynllunio'r dyn *plywood*. Mi fuasai'n ddigon hawdd gwneud dyn i eistedd yn llonydd ar y beic, ond roeddwn i eisiau gweld ei goesau'n symud fel pe bai'n padlo. Roedd yn rhaid cael cymalau yn rhywle, felly ar ôl gwneud y pen a'r corff i lawr at ei ben-ôl mewn un darn, gyda'r breichiau ar wahân wedi'u gosod yn sownd yn y cyrn, roedd yn rhaid cael cymalau yn y cluniau a'r penliniau. I orffen y gwaith, roedd yn rhaid rhoi'r traed yn sownd i'r pedals, ac fe weithiodd y cynllun yn iawn.

Roedd Geoffrey, nai i mi, yma ar y pryd, ac fe wnaeth ef y gwaith paentio, ac yn wir, erbyn iddo orffen, roedd y dyn pren yn edrych bron yn fyw, felly dyma roi'r rhod i droi efo llaw i ddechrau, rhag ofn. Wrth i'r rhod gychwyn troi, dyma'r dyn *plywood* yn cychwyn padlo, felly mentro i droi'r dŵr ymlaen, ac roedd y dyn wrthi'n padlo fel petai fory ddim yn bod! Un bore, roeddwn wedi ei roi i fynd, ac fe welodd y postman o, ac wedi iddo edrych am sbel a'i geg yn hanner agored, meddai, *'What the heck have you got down there; that bloke on the bike is pedalling like the blazes, but he doesn't seem to be going anywhere!'* Roedd hynny'n berffaith wir!

Ar ôl cael y rhod i droi, a'r dyn ar y beic i fynd efo fo, be nesa'? Daeth syniad arall; beth am roi'r werthyd â chamder *(crank)* arni yn sownd i werthyd ganol y rhod, a gwneud dyn *plywood* arall, ond hanner maint y cyntaf, a'i osod â'i ddwylo ar y werthyd, a chael y rhod i'w droi. Y bwriad oedd creu'r argraff mai'r dyn bach oedd yn troi'r cyfan, felly roedd yn rhaid mynd ati i roi'r syniad ar waith. Defnyddiwyd yr un broses eto, sef gwneud dyn o *plywood* a rhoi ei ddwy law yn sownd ar y camder yn y werthyd. Roedd yn rhaid cael cymalau eto yn y cluniau a'r penliniau, cyn ei osod yn gadarn ar floc concrid. Wrth roi'r dŵr i fynd y tro hwn, roedd y rhod yn troi'r dyn llawn maint ar y beic a'r dyn hanner maint ar ben gwerthyd y rhod, ond o edrych o bell, y dyn bach ar ben y bloc concrid oedd yn gwneud y gwaith i gyd!

Y syniad nesaf oedd gwneud model o felin wynt o'r math oedd yn weddol gyffredin yng Nghymru flynyddoedd yn ôl; fe'u defnyddid i falu gwenith i wneud bara a grawn arall i wneud bwyd anifeiliaid. Y peth cyntaf oedd cael gafael ar fotor, ac mi gefais un am £5 gan gyfaill o drydanwr o Lanidloes, un wedi ei dynnu allan o hen beiriant golchi. Ond wrth gwrs, roedd motor o'r fath yn troi'n llawer rhy gyflym i'm hamcan i a bu'n rhaid meddwl am gynllun i'w arafu.

Rhywbeth tebyg i hyn wnaed yn y diwedd: cael pwli cyn lleied â phosibl a'i osod ar y motor a hwnnw wedi ei gysylltu â gwregys i bwli deng modfedd, ond roedd breichiau'r felin yn dal i droi'n llawer rhy gyflym. Bu'n rhaid cael gwerthyd arall a rhoi'r pwli mawr deng modfedd yn sownd ar un pen, pwli bach arall ar ben arall y werthyd a hwnnw wedyn yn gyrru pwli mawr arall, felly trwy gerio i lawr ddwywaith, roedd breichiau'r felin yn troi'n hamddenol braf. Ar ôl cael y peirianwaith yn iawn, cychwynnais adeiladu'r felin; tua dwy droedfedd a hanner sgwâr a thua llathen o uchder, gyda phen ucha'r felin ychydig culach na'r gwaelod (tebyg i byramid). Gosodwyd drws bach ar lefel y llawr isaf a thair ffenest (un ar gyfer pob llawr) ac i orffen, gosod bylb y tu mewn oedd yn goleuo wrth gychwyn y felin.

Roedd y cynllun prosiect nesaf ychydig yn fwy ymarferol, sef mainc efo cefn a breichiau i'w gosod o flaen y tŷ, i eistedd arni ym misoedd yr haf. Yn wir, cefais hwyl go lew arni a phan welodd cymydog y fainc, gofynnodd, 'Faset ti'n fodlon gneud un i mi?'

Erbyn hyn rwyf wedi gwneud dros ugain ohonynt, yn amrywio o bedair i chwe throedfedd o hyd, ac maent i'w gweld ar hyd y lle – o Garno i Gaerdydd, ac o Dal-y-llyn i Ffostrasol a Chaerfyrddin. Addaswyd y cynllun ar gyfer gwneud cadair freichiau unigol (mae'r un wreiddiol y tu allan i'r tŷ yma) ac mae chwe chadair arall wedi cael eu gwneud erbyn hyn; mae dwy ohonynt wedi mynd i Harlech, un i Gaerdydd ac un i Gaerfyrddin.

Roeddwn yn y feddygfa yng Nglantwymyn rhyw dro, a beth oedd yn yr ystafell aros ond ceffyl siglo, a dyna syniad arall yn gwawrio. Euthum ati i wneud ceffyl siglo pren efo cortyn bêls yn fwng a chynffon iddo, a phâr o sodlau siglo oddi tano. Fe'i gwerthais efo mainc a rhyw fanion eraill mewn sêl ar gae Siôn Cwilt i lawr yn Synod Inn!

Mae teulu bach yn byw yn yr Hafod (drws nesa') â dau o blant – bachgen a merch. Gwelais y ferch fach un diwrnod yn cario clamp o ddoli; daeth syniad arall imi – beth am wneud crud iddi roi'r ddoli ynddo? Cyn pen dim, roedd ganddi grud digon o faint i osod y ddoli i orwedd ynddo, â phâr o sodlau siglo oddi tano. Mae'r ferch fach tua teirblwydd a hanner erbyn hyn, ac yn dal i chwarae efo'r ddoli yn ei chrud. Bellach, mae tri chrud arall wedi cael eu llunio yn y gweithdy. Yn ddiweddarach, fe wnes sawl stôl efo tair a phedair coes, ynghyd ag amryw o fan bethau eraill; megin er enghraifft.

Ond i weithio efo coed, rhaid cael arfau pwrpasol, neu mae job fach yn mynd yn job anodd. Yn *Charlie's* y byddaf yn prynu'r rhan fwyaf o'r peiriannau a'r arfau; maent yn dda iawn eu prisiau ac yn gyfleus os aiff rhywbeth o'i le. Beth amser yn ôl, fe brynais durn - un fach i'w gyrru efo dril trydan – er mwyn cael gweld a allwn ei defnyddio i bwrpas, ac roedd yn gweithio'n iawn. Fodd bynnag, o weld mwy a mwy o waith turnio, penderfynais fynd am un fawr go iawn, â'i motor ei hun arni. Gan nad oeddwn angen y ddwy, eglurais i rai o staff *Charlie's* beth oedd fy mhroblem, ac fe gyfnewidiwyd y durn fach am durn fawr, a dim ond rhyw bunt a gollais yn y fargen.

Rwyf hefyd, bellach, wedi prynu bwrdd llifio, un â pheiriant iddo, a chylchlif sydd yn ddefnyddiol iawn i lifio corneli. Ar ambell ddiwrnod gwlyb, pan fo llawer o ffermwyr yn gorfod bod allan yng nghanol y tywydd, rwyf yn diolch am ba mor braf yw hi arna' i dan do, mewn gweithdy bach clyd, yn sych ac yn gynnes. Wedi'r cyfan, mae digonedd o bethau gwahanol y gellir eu gwneud o bren!

Dangos a beirniadu defaid

Roedd gen i gryn ddiddordeb mewn defaid ers pan oeddwn yn ifanc, ac ar ôl prynu mwy o dir a chadw mwy o ddefaid, rhaid oedd hefyd geisio gwella eu safon. Defaid penfrith bryniau Cymru oedd y brîd, a chychwynnais brynu gwell hyrddod; yr hwrdd gorau fu gen i oedd un a brynais gan John a Maldwyn y Wig (fy mrodyr yng nghyfraith). Hwrdd da iawn, ac fe wellodd fy nefaid. O hynny ymlaen, buom yn cyfnewid hyrddod lawer gwaith. Erbyn hynny roeddent yn ddigon da i'w dangos mewn sioeau bach lleol, a chefais dipyn o lwc, gan ennill (a cholli) llawer o wobrau dros y blynyddoedd.

Ffurfiwyd Cymdeithas Defaid Penfrith Bryniau Cymru ac mae'n gymdeithas werthfawr iawn. Cychwynnwyd ffair hyrddod flynyddol yn Llanidloes, a dim ond aelodau'r gymdeithas sy'n gwerthu yno. Cyn y caiff unrhyw un werthu'i hyrddod yn y ffair hon mae'n rhaid iddynt eu dangos i banel o feirniaid o fewn y Gymdeithas. Bydd y rheini yn eu harchwilio'n bur fanwl cyn rhoi nod arbennig arnynt os ydynt yn ddigon da i basio.

Un o amcanion y Gymdeithas yw cadw'r gwlân â chyn lleied â phosibl o ddu ynddo; mae'r brîd yn dueddol o fod ag ychydig o wlân du yn dangos ar y gwar neu yn aml iawn ar du mewn y gynffon. Felly, ar ôl cyfnod, daeth y brîd yn fwy unffurf, ac erbyn hyn maent wedi dod yn un o'r bridiau mwyaf poblogaidd ar fryniau Cymru a'r hyrddod gorau yn gwerthu am arian sylweddol. Pan sefydlwyd y Gymdeithas, dim ond grŵp bach o aelodau – o Bonterwyd i Lanfyllin – oedd yno, ond erbyn hyn mae'r aelodaeth yn ymestyn hyd at Landrillo, Llanrwst a Phentrefoelas, a llawer ardal arall ac mae rhai o'r aelodau yn fridwyr da.

Dros y blynyddoedd daeth ambell wahoddiad imi feirniadu, ac roeddwn wrth fy modd, ond yn ymwybodol iawn o'r cyfrifoldeb. Yr uchafbwynt oedd beirniadu yn y Sioe Frenhinol yn Llanelwedd. Yn 1997 cefais wahoddiad i feirniadu yn sioe flynyddol Llanfair Caereinion; mae sioe Llanfair bellach yn un o sioeau gorau'r sir, os nad yr orau. Gan eu bod yn dathlu pum mlynedd ar hugain ers ailsefydlu'r sioe, roedd y pwyllgor yn garedig iawn wedi penderfynu rhoi plât arbennig iawn i bob un o'r beirniaid, efo dyddiadau'r sioe gyntaf a'r olaf arno. Wrth gael pryd o fwyd ar ôl gorffen beirniadu, dyma gyfaill i mi oedd yn digwydd bod yn eistedd wrth fy ochr yn dweud, 'Ydech chi'n cofio mai chi oedd yn beirniadu yma bum mlynedd ar hugain yn ôl?' Doeddwn i ddim yn cofio, ond o wneud fy syms, roedd o'n berffaith iawn; roeddwn yn beirniadu yn Llanfair ar y ddau ddyddiad oedd ar y plât!

Yr Wyddfa a Phwerdy Dinorwig

Roeddwn wedi bod yn swnian ers blynyddoedd eisiau mynd i ben yr Wyddfa. Roedd Haf, fy nith, wedi bod yno droeon ac wedi addo, pan fyddai'r amser a'r tywydd yn caniatáu, ei bod yn barod i fynd â mi gyda hi. Buom yn aros drwy haf niwlog 1998 am y cyfle, a thua diwedd mis Awst roedd rhagolygon y tywydd yn burion, a dyma benderfynu rhoi cynnig arni. Mae Haf yn athrawes yn Ysgol y Moelwyn, Blaenau Ffestiniog ac yn byw yn Harlech, felly y lle delfrydol i gwrdd oedd ger croesffordd Maentwrog. Pan ddaeth y bore, roedd yn sych ond ychydig yn niwlog, ac i ffwrdd â ni trwy Feddgelert i Lanberis.

Tra oeddwn i'n parcio, aeth Haf i brynu tocynnau ac i edrych pa bryd oedd y trên nesaf yn cychwyn. Daeth yn ôl â'r tocynnau a'r newydd fod y trên yn cychwyn mewn chwarter awr. Wel, i'r dim, ac i mewn â ni. Roedd cymysgedd ryfedd o bobl yn y cerbyd; y nesaf ataf i oedd gŵr a gwraig o Ddulyn, a'u hacen Wyddelig yn swnio'n hyfryd. Gyferbyn â Haf roedd gŵr a gwraig o Gernyw, yn barod iawn i arddel eu Gorsedd a'u cysylltiadau â Chymru. Yn fy wynebu roedd yr unig Gymry eraill; gŵr a gwraig o Landysul, Ceredigion. Milfeddyg wedi ymddeol oedd o, a'i enw oedd James Davies (os cofiaf yn iawn), a chafwyd sgwrs Gymraeg felys iawn gyda'r ddau ohonynt ar ein taith.

Er mai dim ond wyth ohonom oedd yn y cerbyd, roedd yn hynod ddiddorol gwrando ar y gwahanol acenion, o Ddulyn i Gernyw, Llandysul a Llanbryn-mair. I goroni'r gymysgedd, yn y cerbyd nesaf atom roedd pedwar Eidalwr, a'r cyfan y gallaf ei gofio o'u sgwrs hwy oedd clywed y gair *bambino* yn bur aml; yn wir, roedd fel Tŵr Babel yno a phawb â'i iaith a'i dafodiaith ei hun.

Roedd ychydig o niwl tua hanner y ffordd i fyny, ond wrth ddal i ddringo roedd pethau'n gwella, ac erbyn cyrraedd y copa roedd yr olygfa'n berffaith glir. Serch hynny, teimlwn yr oerfel yn syth ar ôl mynd allan o'r trên; mae'n anodd credu'r gwahaniaeth tymheredd sydd rhwng pentref Llanberis a chopa'r Wyddfa, sydd bron i dair mil a hanner o droedfeddi uwchben y môr. Ar ôl cael cwpanaid o goffi i'n cynhesu, aethom ein dau allan o'r orsaf a llwyddasom i ddringo rhyw hanner can llath i'r copa uchaf er mwyn cael tynnu lluniau i'n hatgoffa. Medrwn ddweud bellach, 'Roeddwn i yno'.

Ar ein ffordd i lawr gallem weld Ynys Môn ac Iwerddon, ac wrth edrych i'r dde o'r trên, roedd y ceir ar y ffordd o Ben-y-Pas i Lanberis yn edrych yn union fel ceir tegan. Roedd y golygfeydd yn anhygoel, ac er fy mod wedi byw yng nghanol mynyddoedd Maldwyn drwy f'oes, mae'r Wyddfa yn bur wahanol. Cyrhaeddwyd gorsaf Llanberis a'r stemar fach wedi ein cario i fyny ac i lawr yn berffaith ddiogel.

Ar ôl cyrraedd Llanberis, beth nesaf? Gofynnodd Haf, 'Fuest ti erioed ym mhwerdy Dinorwig?' Atebais innau 'Naddo'. 'Ryden ni yn ymyl, beth amdani?' Cytunais, ac i ffwrdd â ni am Ddinorwig.

I mewn i'r dderbynfa â ni a chael ein gwahodd i wylio ffilm o'r hyn oedd yn digwydd yng nghrombil y mynydd. Ar ôl ei gwylio am rhyw chwarter awr, aethom allan, lle'r oedd tri bws yn ein haros. Gofynnwyd i'r menywod adael eu bagiau-llaw mewn loceri dan glo (er diogelwch, mae'n debyg) ac i ffwrdd â ni i mewn i'r twnnel oedd yn ein harwain at y gweithgareddau anhygoel.

Roedd llefarydd ar ran y cwmni ar bob bws yn egluro'n fanwl i ni beth oedd diben hyn ac arall, a phan aethom allan cawsom gyfle i weld a rhyfeddu bod y fath beth yn bosibl. Ni chofiaf fawr ddim o'r ffigurau, ac mae'n rhaid gweld y lle i'w gredu. Yn y man lle'r oedd y twrbinau'n gweithio, pe bai tri bws dwbl-dec ar bennau ei gilydd fuasen nhw ddim yn cyrraedd y nenfwd o bell ffordd.

Y system yn fras yw fod dau lyn ar ddwy lefel wahanol. Mae'r dŵr o'r llyn uchaf yn llifo i lawr yn naturiol trwy bibelli anferth i droi'r twrbinau er mwyn cynhyrchu trydan ar fyr-rybudd ar adegau pan fydd galw uchel am ynni ledled y wlad, ac yna'n mynd yn ei flaen i'r llyn isaf. Yna, yn ystod oriau mân y bore, pan na fydd llawer o alw am bŵer, defnyddir trydan rhad i bwmpio'r dŵr yn ôl i'r llyn uchaf yn barod at y tro nesaf y bydd ei angen, ac felly, yr un dŵr, fwy neu lai, wedi ei ail-gylchu sy'n gwneud y gwaith i gyd.

Os cofiaf yn iawn, dywedodd y llefarydd fod y peirianwyr wedi cludo deuddeg miliwn tunnell o graig o ganol y mynydd i wneud lle i'r ffyrdd a'r peiriannau i gyd, ac roedd y broblem o ganfod lle i gael gwared â'r fath wastraff yn un enfawr. Serch hynny cafodd rhywun y syniad o'i arllwys i waelod y llyn uchaf; buasai hyn yn ateb dau bwrpas, sef cael gwared â'r gwastraff a hefyd codi lefel y dŵr yn y llyn. Mae'n rhyfedd meddwl beth ellir ei wneud, dim ond wrth gynllunio'n ofalus. Mae'r pwerdy anferth yma i gyd o'r golwg, ac felly nid yw'n hagru dim ar dirwedd arbennig yr ardal, ac mae'n werth nodi hefyd fod y trydan yn cael ei gynhyrchu heb lygru'r amgylchedd mewn unrhyw fodd.

Ar ôl cyrraedd yn ôl i Faentwrog, lle'r oedd Haf a finne'n gwahanu, gofynnais iddi a wyddai ymhle'r oedd y fynwent yno, gan fod un o'm harwyr canu penillion i yn gorwedd yno, sef J.E. Roedd yr eglwys o fewn golwg inni, felly mentrodd y ddau ohonom i lawr y llwybr oedd yn arwain at y fynwent, ac aethom i wahanol gyfeiriadau i chwilio. Cyn hir dyma Haf yn galw arnaf, 'Tybed ai hon yw'r garreg?' ac yn siŵr ddigon, roedd wedi dod o hyd iddi, a dyma'r englyn sydd ar y gofeb:

Y pur arab berorydd – yn ei waith
Fu yn wir ladmerydd
A phery priod glodydd
Hoen ei ddawn yn hwy na'i ddydd
(Iestyn)

J E Jones 1934 (48 mlwydd oed)

Un rheswm am fy niddordeb i yn J.E. yw iddo fod yn brifathro yn ysgol Bont-Dolgadfan, Llanbryn-mair, ac yn ddatgeinydd o'r safon uchaf yn ei ddydd. Buaswn wedi ei theimlo'n anrhydedd cael ei adnabod ond â'i iechyd yn dirywio, bu farw yn 1934 pan oeddwn i'n saith oed.

Fe ddywedir am J.E. ei fod wedi gwneud cymaint ag unrhyw un yn ei gyfnod – a mwy na'r rhan fwyaf – i godi safon canu penillion o fod yn ddim mwy na chanu tŷ tafarn i fod yn grefft a berchir gan genedl gyfan heddiw. Ni wnâi fodloni ar ganu geiriau israddol ac anweddus; roedd bob amser yn canu barddoniaeth chwaethus ac roedd ei safiad ar lwyfan yn fonheddig a chwrtais. Roeddwn yn hynod falch o ddod o hyd i'w garreg fedd, o barch i'r hyn a gyflawnodd mewn blynyddoedd a fu'n llawer rhy fyr.

Mwy o gymeriadau

Cymeriad hoffus iawn oedd Owen; chlywais i erioed ei gyfenw ond roedd pawb yn ei adnabod fel Owen Clegyrnant am ei fod, mae'n debyg, wedi treulio cyfnod yn gweithio yno. Lewis Richards oedd yn ffermio Clegyrnant ar y pryd, efo'i frawd John, neu 'Jaco' fel y'i gelwid gan bawb oedd yn ei adnabod. Roedd Owen yn weithiwr diwyd a gonest, ac er mai Lewis oedd y meistr ac Owen oedd y gwas roeddynt yn dipyn o fêts er, mae'n debyg fod ambell i air croes i'w glywed rhyngddynt weithiau! Un nam oedd ar Owen: roedd atal dweud difrifol iawn arno ac roedd yn ei chael yn anodd iawn i ynganu ambell air, yn enwedig os oedd rhywbeth wedi ei wylltio.

Rhyw dro, gofynnodd Owen i'w feistr a gâi ychydig oriau i ffwrdd ar brynhawn Sadwrn i fynd i angladd ei fodryb, ac meddai Lewis (yn hanner cellweirus mae'n debyg), 'Cei Owen, mi gei fynd i'r angladd os bydd yn brynhawn gwlyb'. Pan ddaeth C'lanmai, penderfynodd Owen ei fod am newid lle, a dywedodd hynny wrth Lewis. Roedd hyn yn dipyn o syndod i Lewis a dyna lle'r oedd yn ceisio darbwyllo Owen ac yn dechre seboni gan ddweud, 'Mi fydd yn rhyfedd iawn yma hebddot ti; wyt ti ddim am newid dy feddwl?' Ond roedd Owen wedi penderfynu ac meddai, 'Dwi a-a-a-a-a-mynd'. Pan ddaeth y diwrnod i Owen fynd, dyma Lewis yn dweud wrtho, 'Os na wela i di eto, mae'n debyg y doi di i 'nghladdu i,' ac meddai Owen yn hollol ddibetrus, 'Dof, os bydd hi a-a-a-a-bwrw'.

Mewn cyfnod pan oedd llawer o ffermwyr yr ardal yn ei chael yn anodd i gael dau ben llinyn ynghyd, câi Lewis a'i frawd eu cyfri'n ffermwyr cefnog, ond rhai pur gynnil serch hynny. Ar ôl marw John, a Lewis bellach wedi ymddeol i Lawr Coed – tŷ wrth ymyl y ffordd rhwng Llanbryn-mair a Thalerddig – galwai yn siop y pentre bob nos Sadwrn i brynu deg o *Woodbines* iddo'i hun a phaced o *mint imperials* i 'mei ledi' (y wraig). Yr adeg honno, byddai llawer o blant yr ardal yn codi'n fore i ganu calennig. Byddent yn cael ceiniog ym mhobman, bron, ond roedd y cyntaf i ganu i Lewis yn cael pisyn chwech, ac wrth gwrs, am y cyntaf oedd hi.

Cymeriad amryddawn iawn â rhyw hiwmor iach yn perthyn iddo oedd Gwilym Williams, neu Gwilym Llan i'r rhan fwyaf o'i gyfoedion, am ei fod, mae'n debyg, ymhlith amryw o alwedigaethau wedi bod ar un adeg yn cadw tŷ tafarn yn Nhŷ-Mawr Llan, Llanbryn-mair. Bu hefyd yn ddeintydd rhan amser; roedd yn rhigymwr, yn dipyn o gerddor ac ar un adeg yn berchen injan ddyrnu mewn partneriaeth â Lewis Puw, Plasrhiwsaeson. Roedd yn ddyn o gryn egwyddor a dyma un enghraifft o'i haelioni.

Roedd Lewis Puw a Gwilym wedi bod yn dyrnu ar fferm ym mhlwyf Llanbryn-mair ac roedd y ffermwr wedi cael blwyddyn ofnadwy o anlwcus. Ynghyd â chael llawer mwy o golledion nag arfer ar y fferm, roedd hefyd wedi bod yn flwyddyn eithriadol o ran afiechydon o fewn y teulu, gydag amryw o'r plant wedi marw. Ar ôl gorffen dyrnu, dyma'r ffermwr yn troi at Gwilym a dweud, 'Wn i yn y byd pryd alla' i dalu i chi am ddyrnu'. Ond roedd Gwilym a Lewis wedi bod yn trafod ac wedi penderfynu dyrnu iddo yn ddi-dâl, ac meddai Gwilym wrtho, 'Mi gewch chi dalu i mi yn y Nefoedd'. Roedd y ffermwr druan bron yn ei ddagrau, a gofynnodd, 'Beth os na chyrhaedda' i'r Nefoedd, ac mai i'r lle arall ca' i fynd?' Atebodd Gwilym heb flewyn ar ei dafod, 'Os daw hi i hynny, mi gewch setlo efo Puw!'

Cofiaf yn dda am ddau frawd yn ffermio yn y Gudog, Comins Coch; John ac Ifan Davies oedd eu henwau, neu John ac Ifan Dafis ar lafar gwlad, a'u chwaer, Elen yn cadw tŷ iddynt. Roedd John yn ŵr goleuedig iawn, yn enwedig yn ei Feibl. Roedd y tri yn aelodau ac yn brif gynheiliaid yng nghapel bach y Waun, chwaer-eglwys i Gemaes. Clywais gyfaill i mi oedd yn aelod yn y Waun yn adrodd stori am John. Pe bai pregethwr, am ryw reswm, yn methu cadw'i gyhoeddiad, fe gymerai John yr awenau, a medrai agor y Beibl bron yn unrhyw fan a siarad ar y testun a fyddai o'i flaen.

Cefais innau'r profiad o wrando arno sawl tro pan oeddwn yn cynrychioli Capel Pennant o amgylch Cyfarfodydd Ysgolion gwahanol gapeli'r ardal. Roedd John Davies yn dipyn o ffefryn yng nghylch y Cyfarfodydd Ysgolion ac yn aml iawn, câi ei wahodd i 'Agor y Mater'. Siaradwr cyflym a huawdl oedd ac yn llwyddo i drosglwyddo'i neges bob amser gyda chadernid a phendantrwydd. Roedd Ifan, ei frawd, yn gymeriad mwy hamddenol, ond fo oedd y gweithiwr. Clywais Dafydd Edwin – fy mhartner cneifio, oedd yn perthyn iddynt ac yn un o'u cymdogion agosaf – yn adrodd hanesyn bach doniol iawn amdanynt: Yn ystod y cynhaeaf ŷd, daeth John ac Ifan draw i Cattel i roi cymorth – fel oedd yr arferiad mewn llawer ardal ar adeg pan oedd pawb yn medi â phladuriau. Pan ddaeth yn amser te, eisteddodd pawb ar ei ysgub mewn rhyw hanner cylch. Fel y digwyddodd, roedd John ac Ifan yn eistedd un bob pen i'r rhes. Problem fawr John oedd ei draed; roedd byth a beunydd yn cwyno fod ei draed yn rhoi loes iddo – naill ai ei esgidiau'n gwasgu, corn efallai, neu rhyw anhwylder arall; y traed oedd yn ei chael hi bob amser ac felly'r oedd hi'r diwrnod hwn yn Cattel. Meddai Ifan yn dawel wrth y nesaf ato yn y rhes, 'Dwi'n dweud fod y Brenin Mawr wedi cymryd gormod o amser i wneud pen 'nacw ac mi aeth yn *rush job* arno erbyn cyrraedd ei draed!'

O sôn am gapel y Waun, cofiaf y Parchedig Madryn Jones yn weinidog ar Gemaes a'r Waun; cymeriad hoffus iawn. Un dydd Sul roedd i fod i bregethu yn y Waun, ond erbyn y prynhawn, roedd trwch go lew o eira wedi disgyn ac yn parhau i ddisgyn. Pan ddaeth yn rhyw ddeng munud wedi dau, aeth dau o'r aelodau i'w gyfarfod rhag ofn fod rhywbeth wedi digwydd iddo ar y ffordd. Cyn hir gwelent Madryn Jones yn cerdded trwy ganol yr eira a gofynnodd un ohonynt iddo, 'Ble mae'r car Mr Jones?' Atebodd yntau, 'Yn y ffos, ac yn ôl pob golwg heddiw, yno y bydd o tan fis Mehefin!'

Mae'r hanesyn nesaf yma hefyd yn dangos tipyn o'i gymeriad a'i hiwmor didwyll. Doedd neb yn gwybod faint oedd ei oed a doedd Madryn Jones ddim am ddweud. Roedd yn sgwrsio â chyfaill agos iddo rhyw dro, a dyma'r cyfaill yn gofyn i'r gweinidog, 'Wel, d'wedwch i mi faint ydy'ch oed chi?' Atebodd yntau, 'Fedrwch chi gadw cyfrinach?' 'Medraf,' dywedodd y cyfaill yn eiddgar, a dyma Madryn Jones yn dweud yn dawel a chwrtais, 'Mi fedra' innau hefyd'.

Daeth bachgen o Sais i weithio i'r ardal hon flynyddoedd yn ôl, ac mae'n debyg ei fod yn weithiwr medrus a diwyd. 'Ned Sais' oedd o i bawb. Fel ag yr oedd pethau'r blynyddoedd hynny, byddai dipyn o bellter rhwng y meistr a'r gwas, ac mewn llawer lle doeddent byth yn rhannu'r un bwrdd bwyd. Byddai'r gweision a'r forwyn wrth un bwrdd, a'r bòs yn aml yn cael bwrdd bach wrth y tân; felly'r oedd pethau ar y fferm hon.

Ar gyfnodau prysur fel adeg cynhaeaf er enghraifft, doedd dim sôn am weithio wyth awr, ond yn hytrach byddai'n rhaid gweithio bron bob awr o olau dydd. Y drefn oedd i'r gwas fynd â'r ceffylau allan o'r stabl bob bore am saith, ond un bore, roedd yn bum munud wedi saith ar Ned yn mynd â'r ceffylau allan. Dyna lle'r oedd y ffermwr ar y buarth â'i watsh yn ei law, a dywedodd wrth Ned, 'Rydw i'n disgwyl gweld pen y ceffyl yna yn dod allan o'r stabl bob bore am saith'. Meddai Ned, '*All right boss, if that's the way you want it,* ac mi cewch chi gweld ei tin o'n mynd i mewn hefyd am bump!'

Soniais o'r blaen am Thomas George Hughes yn ffermio yn y Cefn, a rhywbryd yn ystod y cyfnod pan oeddwn i yn yr ysgol ac yn pasio buarth y Cefn bob dydd, daeth Iorwerth, ei gefnder, ato o Aberhosan i'w helpu am gyfnod ar ôl iddo ef adael yr ysgol. Iorwerth Jones oedd ei enw, ac fe'i adnabyddir heddiw fel Bardd Coronog Eisteddfod Powys, ymhlith llawer o orchestion eraill. Mae'n arlunydd penigamp, yn gerfiwr coed medrus iawn a fo sy'n gofalu am osod tasg 'Limrig y Mis' yn *Y Blewyn Glas,* y papur bro lleol. Bu am lawer o flynyddoedd yn heliwr efo cnud o gŵn hela Machynlleth, ac fe'i adnabyddir yn annwyl ymhell ac agos fel 'Ior yr Helsmon'.

Ond yn ôl at yr adeg pan oedd Ior yn helpu Thomas George yn y Cefn. Roedd y ddau yn gweithio efo'i gilydd rhyw ddiwrnod yn ceisio trwsio preseb un o'r buchod, ond doedd pethau ddim yn mynd yn dda iawn, a'r ddau'n methu cyd-weld yn hollol ynglŷn â sut i fynd oddeutu'r dasg. Mae'n debyg fod Ior yn dechrau dweud pethau go fawr, ac meddai Thomas George, 'Paid â chablu fachgen, cofia mi anwyd dy well di mewn preseb'. 'Do siŵr,' meddai Ior, 'ac mi anwyd dy gallach di mewn sodren!' Thomas George ei hun glywais i'n sôn am yr hanesyn yna; roedd wrth ei fodd yn ei adrodd ac yn chwerthin llond ei fol.

Gŵr amryddawn iawn oedd y diweddar John Bennett, y Bailey, Hen Neuadd. Yn ogystal â ffermio'r Bailey roedd yn englynwr cain ac yn feirniad anifeiliaid craff. Cefais yr hanesyn yma gan ei fab, y Cynghorydd Hefin Bennett Y.H., sy'n dal i ffermio yn y Bailey efo'i frawd, Alun. Un o'r ffermydd sy'n ffinio â'r Bailey yw'r Castell, a chofiaf ddau neu dri o frodyr yn ffermio yno. Yn ddigon naturiol, pan fyddai'r cymdogion yn sgwrsio, byddent yn trin a thrafod llawer o byncIau, gan gynnwys anifeiliaid ei gilydd. Gan fod John Bennett yn dipyn o arbenigwr, roedd bechgyn y Castell yn aml yn gofyn ei farn.

Gwahoddodd un o fechgyn y Castell John Bennett draw i gael ei farn ar un o'r buchod; roeddynt yn methu penderfynu a oedd y fuwch yn gyflo ai peidio. Aeth John Bennett yno ac edrych yn bwyllog a gofalus ar y fuwch, gan ddod i'r casgliad nad oedd y fuwch yn gyflo a dywedodd, 'Dwi ddim yn meddwl y cei di lo gan hon eleni; dwi'n bur siŵr mai myswynog ydy hi.' Gan fod prisiau myswynogydd yn bur isel ar y pryd, penderfynwyd ei chadw tan y gwanwyn gan ddisgwyl cael pris gwell. Ond syndod o bob syndod, rywbryd cyn y Nadolig, fe ddaeth y 'swynog' â llo bach! Wel, rŵan, roedd yn rhaid cael tipyn o hwyl ar draul John Bennett, a'r noson ganlynol aeth un o'r bechgyn, Gomer dwi'n meddwl, draw i'r Bailey a dweud wrth John Bennett, 'Mi ddigwyddodd rhywbeth rhyfedd iawn acw neithiwr!' Gofynnodd John Bennet, oedd erbyn hyn mewn oed mawr ac yn bur drwm ei glyw, 'Dyw, beth ddigwyddodd, fachgen?' Meddai Gomer, 'Mi ddaeth acw "swynog" â llo!' 'Beth 'wedest ti?' gofynnodd John Bennett mewn syndod. 'Llwynog wedi mynd â llo?!'

Flynyddoedd yn ôl, pan oeddwn yn ffermio ac yn magu ambell hwrdd go lew, byddwn weithiau yn mynd ag ambell un i farchnad Pontarfynach, neu yng ngeiriau T.J. Davies yn ei gyfrol *Ysgub o'r Wisgon*, i'r 'Mart yn Brij', sef yr enw lleol ar Devil's Bridge. Cofiaf yn dda un tro i John y Wig a finne fynd â dau hwrdd yr un yno, ac ar ôl corlannu, mynd o amgylch i weld yr hyrddod eraill a chymharu a beirniadu yn answyddogol pwy oedd â'r hyrddod gorau. Roedd un ffermwr lleol wedi dod ag oen hwrdd yno i'w werthu ac er bod ei berchennog yn meddwl cryn dipyn o'r oen, un bach eithaf cyffredin oedd o a bod yn onest. Dyna lle'r oedd y perchennog yn ceisio tynnu sylw hwn a'r llall at yr oen, ond doedd neb yn prynu. Yn y funud, dyma un o'i gymdogion heibio, ac meddai'r perchennog wrtho yn eiddgar, 'Beth wyt ti'n feddwl o hwn?' Cymerodd ei gymydog un olwg ar yr oen ac meddai'n blwmp ac yn blaen, 'Cer â fe gartre a sbadda arno fe!'

Cofiaf yn dda am Mam yn adrodd sawl tro am ŵr a gwraig oedrannus oedd yn byw yn Nhai y Felin, neu Mill Cottages fel y'u gelwid yr adeg honno pan oedd Mam yn ferch fach. Dafydd a Beti Davies oedd eu henwau, ond ar lafar yr ardal, Deio Dafis a Betsi Maret oeddynt i bawb. Tŷ go fach oedd ganddynt, ac yn dywyll iawn y tu mewn. Roedd ôl mwg cenedlaethau ar bapur y waliau a gwe pry cop o'r unlliw yn hongian rhwng trawstiau'r to, ac ar ôl byw eu hoes yn y fath amgylchedd, roedd yn gwbl naturiol fod lliw eu dillad a'u crwyn yn cyd-fynd â'r hyn oedd o'u deutu.

Mae'n bur debyg nad oedd yr un ohonynt wedi cael llawer o ysgol nac erioed wedi cael y cyfle i fynd allan o'u milltir sgwâr, ond roedd gan Deio ddychymyg byw iawn. Byddai wrth ei fodd yn cael cynulleidfa o fechgyn ifanc yr ardal i wrando ar beth oedd, mewn gwirionedd, yn ddim mwy na chelwydd golau, a'r cwbl i gyd yn ddi-ddrwg ddi-dda. Adroddai yn aml hanesion am yr amser oedd o yn 'Mericia'! Doedd neb yn ei goelio, ond roedd pawb yn mwynhau gwrando arno fo. Wrth gwrs, roedd popeth yn 'Mericia' mor fawr, ond roedd straeon Deio yn fwy!

Roedd wedi treulio cyfnod yn cwympo coed yno (yn ôl y stori!). Un bore Llun fe gychwynnodd ar anferth o goeden a bu wrthi'n pwnio arni drwy ddydd Llun a dydd Mawrth. Fore Mercher cyn ailgychwyn ar yr un goeden, meddyliodd am gerdded o'i chwmpas er mwyn gweld beth yn union oedd ei maint, ac yn wir, roedd dyn yr ochr arall iddi wedi bod yn ceisio torri'r un goeden i lawr ers wythnos! Mae'n rhaid ei bod hi'n dipyn o goeden!

Roedd y tir mor wastad yn 'Mericia', doedd ond rhaid iddo sefyll ar stôl odro a gallai weld y trên yn y pellter bythefnos cyn iddo ddod i'r orsaf! Doedd fawr o ddiben pedoli'r ceffylau yno chwaith gan fod y gwynt mor gryf nes chwythu'r pedolau oddi ar eu carnau, yn aml cyn cyrraedd adref o'r efail! Dyna i chi ddychymyg!

Un tro, cymerwyd yr hen Betsi yn eitha gwael, a bu'n rhaid iddi aros yn ei gwely am gyfnod. Galwodd un o fechgyn yr ardal o'r enw Wil i holi sut oedd hi, a chafodd groeso gan Deio a'i wahodd i fyny i'r llofft i'w gweld. Dyna lle gorweddai Betsi'n dawel yn yr hanner tywyllwch â'r ffon a ddefnyddiai i'w helpu i ymlwybro ar wyneb y gwely. Ar ôl ychydig o sgwrs, dyma Wil yn dweud wrthi, 'Dwi am ddeud gair o weddi ar eich rhan chi, hen wraig'. Caeodd Betsi ei llygaid yn dawel, gan ddal ei gafael yn y ffon, a dyma'r gweddïwr ar ei liniau wrth erchwyn y gwely gan ddechrau arni rhywbeth tebyg i hyn:

O cofia Di am yr hen Betsi ddi-nam
Sydd yma'n gorwedd a'i choesau yn gam,
O cofia Di hi; o mae hi mor ddu . . .

Ar hynny, deallodd yr hen wraig nad oedd Wil o ddifri ac mai tipyn o ddireidi oedd y cyfan ar ei thraul. Dyma'r ffon yn disgyn ar war y ffug-weddïwr, ac meddai tra oedd Wil yn hel ei draed i ben y staer, 'Go damro di Wil, yn gwneud sbort o hen wraig yn ei gwely!'

Cipolwg yn ôl

Erbyn Medi 1998, roedd Mair a finne wedi bod yma yn Hendre Aur ers wyth mlynedd, ac wedi cael cyfle i arafu ac edrych yn ôl dros gyfnod prysur, ond hapus iawn. Hyd at oed ymddeol, buom ein dau yn mwynhau iechyd da. Fel y soniais, cefais blwc eithaf drwg o gricymalau tua 1993-94 ond er gwaethaf hyn, rwyf yn teimlo fy mod yn un o'r rhai ffodus iawn o fod wedi cael fy nerbyn i Ysbyty Gobowen cyn i bethau fynd yn rhy ddrwg. Rwyf hefyd, hyd yma, yn dal i ymateb i'r cyffuriau rwyf yn eu cymryd bob dydd, ac y bydd yn rhaid imi eu cymryd weddill fy oes.

O edrych yn ôl, mae newid mawr wedi bod yn ein bywydau, o brysurdeb deuddeg mlynedd efo'r injan ddyrnu, pedair mlynedd ar ddeg yn contractio cneifio a gweithio cannoedd o aceri o dir efo'r peiriant palu ac aredig a.y.y.b. Hefyd prynu Bryneglwys a Chrugnant a'u ailhadu bron i gyd, ac yn gymharol ddiweddar, eu gwerthu oherwydd problem gyda'r cricymalau. Ond mae gennym rhywfaint o dir oddeutu'r byngalo o hyd ac rydym yn dal i gadw ychydig o ddefaid.

Mae newidiadau mawr wedi digwydd o fewn yr ardal hefyd. Mae Ysgol y Pennant wedi cau ers deugain mlynedd ac mae'r efail, oedd gyferbyn â'r ysgol, bellach wedi cael ei dymchwel a thŷ wedi cael ei adeiladu ar y safle. Mae'r felin lifio hefyd wedi peidio â bod. Llynedd, trawyd yr hoelen olaf yn arch y pentre: caewyd y capel, ond mae'r rhan fwyaf o'r aelodau wedi ymuno â chynulleidfa Capel Bethel, Bontdolgadfan, sydd rhyw ddwy filltir i ffwrdd. Cawn bregeth yno bron bob bore Sul ac er nad yw'r 'gymdeithas yno'n gref' cawn glywed canu pedwar llais yn aml, sy'n ychwanegu llawer at bleser yr oedfa.

Rwyf yn ffodus iawn fod gennyf ddigon o ddiddordebau y tu allan i waith bob dydd; rwyf yn mynd draw i Grugnant at y llynnoedd bob bore i fwydo'r hwyaid a'r ffesantod, a dim ond i mi chwibanu, dônt ataf o bob cyfeiriad. Caf gyfle i feirniadu mewn rhai eisteddfodau a sioeau bob blwyddyn, ac rwyf yn treulio llawer o'm hamser yn y gweithdy yn gwneud tipyn o waith coed. Rwyf hefyd â'r fraint o fod yn aelod o sawl pwyllgor, sef Cymrodoriaeth Talaith a Chadair Powys, Pwyllgor Gorsedd Powys, Pwyllgor Gwaith y Gymdeithas Cerdd Dant, Pwyllgor Canolfan Gymdeithasol Llanbryn-mair, Pwyllgor Cerdd Dant Eisteddfod Powys y Drenewydd 1999 a phwyllgorau'r Gymanfa Ganu a'r Gylch-Ŵyl – yn gadeirydd neu gyn-gadeirydd y rhan fwyaf ohonynt.

Serch hynny, fy mhrif bleser ers tua phum mlynedd yw'r fraint o arwain Côr Bro Cyfeiliog. Bu tipyn o newid yn aelodaeth y côr ers ei sefydlu – rhai wedi gadael a rhai o'r ffyddloniaid cyntaf bellach wedi marw – ond 'bugeiliaid newydd sydd . . . '. Rydym wedi croesawu llawer o aelodau newydd atom yn ddiweddar, gyda chyfanswm o tua deugain o aelodau.

Buom yn ffodus iawn o'n cyfeilyddion o'r cychwyn; Delyth y Wig i ddechrau, hyd nes iddi briodi a symud i fyw i Lanerfyl, ac wedyn Awel, yn enedigol o Lanerfyl ond wedi priodi a dod yma i Lanbryn-mair i fyw. Mae'r ddwy wedi bod yn werth y byd ac yn ddibynadwy iawn. Rydym yn dysgu dau ddarn newydd at Eisteddfod Powys bob blwyddyn, ac yn eu defnyddio, ynghyd â darnau eraill, i gystadlu arnynt o eisteddfod i eisteddfod. Ynghyd â'r ffaith ein bod yn cael llawer o fwynhad wrth ymgodymu â darnau newydd a'u clywed yn datblygu o wythnos i wythnos, mae yno hefyd deimlad o gymdeithas glòs iawn o fewn y côr.

Er ein bod ein dau wedi newid gêr neu ddwy o ran gwaith bob dydd, eto rydym yn gallu mwynhau bywyd, a gobeithio'n fawr y gallwn barhau i wneud hynny am flynyddoedd i ddod.